PERSONAGENS ao redor da MANJEDOURA

Testemunhas da maior História já contada

editora
ESPERANÇA

Tom HOUSTON

PERSONAGENS ao redor da MANJEDOURA
Testemunhas da maior História já contada

1ª edição

Tradução: Josiane Zanon Moreschi

Curitiba/PR
2018

Tom Houston
Personagens ao redor da Manjedoura
Testemunhas da maior História já contada

Coordenação editorial: Claudio Beckert Jr.
Tradução e diagramação: Josiane Zanon Moreschi
Revisão e capa: Sandro Bier
Título original: Characters around the cradle

Dados Internacionais de Catalogação na Publicação (CIP)
(Câmara Brasileira do Livro, SP, Brasil)

Houston, Tom
    Personagens ao redor da manjedoura : testemunhas da maior História já contada / Tom Houston ; tradução de Josiane Zanon Moreschi. - Curitiba, PR : Editora Esperança, 2018.
    192 p.

    Título original: Characters around the cradle
    ISBN 978-85-7839-212-3

    1. Personagens bíblicoa 2. Jesus - Nascimento 3. Natal - História I. Moreschi, Josiane Zanon II. Título

CDD-232.92

Índices para catálogo sistemático:
1. Jesus : Nascimento 232.92
2. Personagens bíblicos 232.92

Salvo indicação, as citações bíblicas foram extraídas da Bíblia na versão Nova Almeida Atualizada © Sociedade Bíblica do Brasil, 2017.

Todos os direitos reservados.
É proibida a reprodução total e parcial sem permissão escrita dos editores.

Editora Evangélica Esperança
Rua Aviador Vicente Wolski, 353 - CEP 82510-420 - Curitiba - PR
Fone: (41) 3022-3390
comercial@editoraesperanca.com.br - www.editoraesperanca.com.br

As cenas do nascimento de Jesus nunca mais serão as mesmas. O Natal sempre mexe com a imaginação, porém, Tom Houston consegue mexer com os leitores por meio de reflexões sobre os personagens bíblicos reais que cercaram o nascimento de Jesus, e não com as caricaturas da fantasia popular. Com uma mistura de compreensão expositiva, base histórica e sensibilidade psicológica, Tom dá vida aos personagens. E não apenas aos óbvios, como Maria, José, os pastores e os reis. Também somos apresentados ao Imperador Augusto, a Simeão, aos próprios narradores, Mateus e Lucas e, é claro, João Batista e seus pais. Uma leitura viva que aquece o coração e oferece um ângulo novo e desafiador de uma história familiar.

Chris Wright — Diretor do Ministério Internacional
The Langhan Partnerhip International

A história do Natal lhe soa familiar? Talvez. Todavia, podemos deixar de perceber aspectos do extraordinário drama humano que cerca o evento mais importante já testemunhado neste mundo. Com esboços históricos bem escolhidos, explanação cuidadosa da narrativa do Evangelho, e como um contador de história criativo e realista, Tom Houston prepara o cenário do nascimento de Jesus realmente identificando-se com os diversos atores humanos que participaram desse drama.

Sentimos suas emoções, identificamo-nos com suas reações e nos maravilhamos com a maneira pela qual os detalhes pessoais, assim como os grandes movimentos políticos, se combinam para demonstrar a soberania de Deus. Com aplicação pertinente para as nossas vidas hoje, este livro será relevante para cristãos de todas as idades.

Jonathan Lamb — Secretário-geral adjunto do IFES

Para a maioria de nós, a história do nascimento de Jesus tem algo de remoto e de irreal. Nós, provavelmente, estejamos familiarizados com encenações natalinas de crianças, adoráveis e um pouco engraçadas, com turbantes em suas cabecinhas. Ou talvez pareçam figuras remotas, de muito tempo atrás, de um lugar distante, que são parte de uma história antiga. De qualquer maneira, elas parecem não ter relação com nossas vidas reais. A maioria de nós também sabe somente o nome dos personagens principais: Maria, José, os magos, os pastores, mas pouco sobre os outros personagens. Agora, Tom Houston nos dá um estudo memorável e útil. Com uma pesquisa cuidadosa e uma imaginação sensível, ele nos apresenta, de maneira estimulante, a um elenco de pessoas reais, como nós, com sentimentos reais de alegria, medo, inveja, anseio, que viveu em tempos e lugares reais. Leia *Personagens ao redor da Manjedoura* e o Natal existirá para você de uma maneira nova. Talvez, como nunca antes, você perceba que a história do Natal foi um acontecimento real que pode fazer diferença na sua vida real hoje!

Leighton Ford — Presidente do
Leighton Ford Ministries – Charlotte, Carolina do Norte, EUA

. . . .

Tom Houston descreve o que observa – com tenacidade e fervor. A verdade simples é que Tom agarra os personagens que retrata, disseca-os, examina-os e os coloca juntos novamente com uma clareza de pensamentos que os faz reviverem mais de dois mil anos depois do tempo em que pisaram na Terra.

Da mesma maneira, ele cativa o leitor. É difícil deixar este livro de lado porque a imaginação é carregada pela forte realidade dos personagens retratados.

Todavia, este não é um exercício mecânico. Não é uma reflexão histórica. O que Tom Houston faz é dar aos leitores de hoje uma nova visão e um novo entendimento.

Ele sempre tem feito isso. Explora os personagens com quem está lidando, disparando a imaginação e prendendo a atenção do leitor para que ele queira aprender, crescer e copiar o exemplo que lhe está sendo dado.

É difícil ler estas palavras sem sermos transformados, pois tudo o que Tom tem feito é dar vida às Escrituras a fim de que o Espírito Santo possa nos ensinar seu verdadeiro significado.

Dr. Clive Calver — Presidente do World Relief

Sumário

Dedicatória..13
Introdução..15
    Hipóteses..15
    Anjos..17
    Sonhos..18
    Coincidências..18
PARTE 1...19
1 Herodes e seu templo – Religião oficial............21
    O templo de Herodes...21
    O início da vida de Herodes................................23
    O reinado de Herodes..24
    Uma pessoa atraente..25
    Um diplomata consumado...................................26
    Um administrador competente..........................26
    Os motivos de Herodes..27
    Um resultado diferente..28
    O templo e a criança...29
2 Zacarias – Um velho homem e suas orações.....31
    Lucas 1.5-25, 57-80
    Um sacerdote e seu grande momento...............31
    Um marido e suas orações..................................33
    Uma criança e seu papel......................................37
    A mudança no velho homem.............................38

3 Isabel – A esposa temente a Deus...41
Lucas 1.5-7,23-25,39-45
- A esposa do sacerdote...41
- O sacerdote arrasado...43
- Uma visita inesperada...44
- O fim de sua vergonha...45
- Sem preconceito de idade com Deus.........................46

4 Maria – A serva obediente do Senhor.................................49
Lucas 1.26-56; Mateus 1.18-25; 2.9-23
- A história de duas gestações.....................................49
- Lidando com a desgraça..50
- Uma recepção inacreditável.......................................52
- O tempo de espera..53
- A agonia de José..53
- Um recenseamento indesejável.................................54
- Confirmação ao longo do caminho............................55
- A mãe pensativa..55

5 José – O guardião nomeado por Deus...............................57
Mateus 1.18-25; 2.9-23; Lucas 2.1-40
- Um sonho torna-se pesadelo......................................57
- Primeiro sonho..58
- Visitantes na noite...60
- A cerimônia de para dar o nome................................61
- Consagração no templo..61
- Segundo sonho..62
- Terceiro sonho...62
- Quarto sonho...62
- O guardião...63

6 Augusto – A hora certa...65
- Um pacificador...65
- Um administrador justo..66
- Um incentivo ao desenvolvimento.............................67
- Um mestre da persuasão..69
- O império mundial..70
- Um novo conceito..71
- Reinos concorrentes...72

7 Os pastores – Os montes estavam vivos............................75
Lucas 2.8-20
- A pobreza da sua posição..76
- A celebração na visão deles..77
- A clareza de sua revelação...78
- A espontaneidade da resposta...................................79

8 Simeão – Pronto para morrer...81
Lucas 2.22-35
    Um autêntico judeu...81
    Morte postergada...82
    Uma oração visionária..83
    O lado negativo..84
    Nunc dimittis..85

9 Ana – A que nunca desistiu...89
Lucas 2.36-38
    Uma viúva...89
    Uma intercessora..90
    Uma profetisa..91
    Uma testemunha..93

10 Os homens que estudavam as estrelas e suas descobertas...........95
Mateus 2.1-12
    Uma delegação impressionante.............................96
    Fenômeno incomum..97
    Uma pergunta estranha..97
    Um encontro clandestino..98
    Alegria indescritível..99
    Uma resposta apropriada..99
    Um desvio por segurança.....................................100
    Nossa reação..101

11 Herodes – O massacre dos inocentes: um estudo sobre violência............103
Mateus 2.16-18
    A manipulação deu errado...................................104
    Facilmente agitado..104
    Muito desconfiado..105
    Irritado..105
    Analogias..106
    Exemplos modernos...108

12 Mateus – O relato do cobrador de impostos................109
    Um escritor com um propósito claro...................109
    Um escritor profundamente sensível...................111
    O sentido de história..112
    Profecia cumprida..113
    Um cobrador de impostos impopular..................114
    Uma mudança de carreira.....................................115

13 Lucas – O pesquisador..117
    O médico sensível..117
    O escritor cuidadoso..118
    Seus informantes...119

Um senso de história...........121
Um senso de poesia e canção...........122

14 Alvorada da consciência de um menino...........123
Lucas 2.41-52
Uma criança normal...........123
Uma festa anual...........125
O pânico dos pais por um filho perdido...........126
A educação de Jesus...........126
Um diálogo revelador...........127
Um final feliz...........128

PARTE 2...........129

Introdução a João Batista...........131
Do privado ao público...........131
Os anos silenciosos...........132

15 Indo a público sobre o Messias...........135
Mateus 3.1-12; Lucas 3.1-9
Um grande silêncio...........135
O último dos profetas, não um sacerdote...........136
João, o preparador do caminho...........137
A pessoa que estava vindo...........138
O público de João Batista...........140
A mensagem de João – Sejam batizados!...........140
Arrependam-se!...........141
Salvação...........142

16 O padrão moral do Messias...........145
Lucas 3.11-20
Arrependimento específico...........145
A dinâmica da confissão...........147
Pecados no trabalho...........148
Herodes Antipas...........148
Crescente esperança...........149
Repercussões...........150

17 A verdadeira origem do Messias...........153
Mateus 3.13-17; Lucas 3.21s
Um candidato diferente...........154
Jesus queria ser batizado...........155
O Espírito era como uma pomba...........156
O Messias era o Filho de Deus e, ainda assim, um Servo...........157
Jesus era o Messias...........157
Conclusão...........158

18 Testemunha do Messias 159
   João 1.6-9,15,19-37; 3.22-30; 5.33-36; 10.40s
      Tempo para reflexão 159
      Interrogatório pelas autoridades 160
      Uma torrente de revelações 161
      João como testemunha 162
      O Filho de Deus 162
      O Cordeiro de Deus 163
      A Luz do mundo 163
      O Noivo 164
      O Espírito Santo 164

19 O Reino de Deus 167
   Mateus 11.1-19; Lucas 7.18-35
      Uma coexistência desconfortável 167
      Na prisão pelo capricho de uma mulher 168
      Notícias de fora 168
      As dúvidas de João 170
      A resposta de Jesus 171
      A estima de Jesus por João 172
      João Batista e o Reino de Deus 172

20 A morte de João Batista – O prenúncio final 175
   Mateus 14.1-12; Marcos 6.14-19; Lucas 9.7-9
      O aniversário da vingança 175
      João Batista é pranteado 176
      O remorso de Herodes 177
      O verdadeiro precursor 177
      O primeiro sinal do Reino 178
      Sumário 179

Apêndice 1 – O nascimento virginal 181
      Um nascimento extraordinário para uma pessoa extraordinária 181
      Tão impossível quanto hoje 182
      Dois relatos separados 183
      A ciência disso 183
      Faz sentido 185

Apêndice 2 – Pregação sobre personagens bíblicos 187

Dedicatória

A minha mãe, Mary Houston, cujo apoio e autossacrifício me deram uma boa base para a vida e para o ministério cristão, os quais valorizo mais do que posso expressar.

Introdução

O Natal deixa as pessoas felizes e frustradas ao mesmo tempo, especialmente os cristãos. Existe um conflito entre o Natal secular com suas luzes, seu brilho e os altos gastos com presentes, e o significado que ele deveria ter do nascimento extraordinário de Jesus. Com este livro, pretendo dar às pessoas um retrato mais completo e detalhado da real história do Natal, olhando para a maneira pela qual os eventos originais afetaram a vida das pessoas envolvidas.

Hipóteses

Eu parto da hipótese de que houve uma história verdadeira, conectada, ocorrida em um período de tempo específico e localizado em lugares geográficos reais. Isso não está tão claro nos Evangelhos, então, usei minha imaginação para fornecer-lhes uma narrativa contínua, mantendo a verdade que os evangelistas transmitem. Humanamente, aceito que os Evangelhos foram escritos e preservados por pessoas competentes, tão inteligentes e devotas como somos hoje. Suponho que eram completamente capazes de interpretar cuidadosamente suas experiências e de apresentar o que viram, ouviram e leram na linguagem dos seus leitores. Acredito que podemos obter uma compreensão adequada do que eles disseram se trabalharmos nisso.

Entendo também que Deus providenciou os registros de Jesus para os Evangelhos, a fim de que fossem escritos e registrados de maneira que alcançassem seu objetivo de que pessoas em qualquer lugar pudessem conhecer essa história. Os que creem em Deus não terão dificuldade com isso, pois admitem que Deus não deixaria, e não o fez, sua mensagem para a humanidade de uma maneira que fosse entendida apenas por um grupo de profissionais capacitados, que nem mesmo conseguem concordar entre si sobre o que de fato é a mensagem.

Os eventos são basicamente uma parte da história. Quando Lucas foi pesquisá-los, teve que encontrar e avaliar os documentos, entrevistar as pessoas certas e organizar seu material para seus leitores, assim como qualquer historiador (Lc 1.1-4). Não foi diferente com Mateus. O tipo de pessoas que Mateus e Lucas foram transparece na seleção e apresentação dos seus materiais. Igualmente, os valores e ênfases particulares, que eram importantes para eles e para suas audiências, podem ser vistos na maneira pela qual o material foi apresentado.

Fica claro pelas muitas referências que os escritores fazem ao Espírito Santo no texto, que eles achavam que o Espírito dirigia todos os eventos e os complexos registros que temos nos Evangelhos. Como resultado, temos, ao mesmo tempo, palavras de homens e Palavra de Deus introduzindo-nos ao mais significativo acontecimento da história até aquele momento. Chamamos de encarnação quando o Filho de Deus se tornou um ser humano para assumir a tarefa de resgatar o mundo do caos no qual se colocou por meio da sua desobediência.

As histórias acerca do nascimento de Jesus compõem uma corrente interligada de eventos reveladores. Elas começam com o nascimento incomum de João Batista e mudam rapidamente para o homem que ele se tornou. O ponto ao qual Mateus e Lucas nos levam é o começo do ministério de Jesus

(Mt 4.12). Isso é identificado na liturgia do Advento, que usa os relatos sobre João Batista, antes e depois do Natal. Por isso, incluí seis capítulos sobre a curta vida e o trabalho do João Batista adulto.

Há intervenções sobrenaturais em todos estes eventos. Anjos aparecem às pessoas diretamente ou em sonhos, há um sonho sem um anjo e algumas coincidências de tempo marcantes, há uma voz do céu. As revelações foram dadas ou confirmadas dessa maneira.

Anjos

Pessoalmente, não tenho experiências com anjos e raramente tenho sonhos dos quais me lembre. Fico impressionado, contudo, pela maneira como sonhos e anjos são usados na Bíblia quando Deus quer se comunicar com as pessoas.

Anjos estão presentes desde a criação, e por toda a Bíblia são vistos como parte dos planos de Deus para o mundo. Eles fecharam o jardim do Éden, protegeram Ló, salvaram Hagar e seu filho e seguraram a mão de Abraão para que este não sacrificasse seu filho. Eles comunicaram os mandamentos a Moisés, conduziram o povo de Deus pelo deserto. Anunciaram nascimentos e chamados, e auxiliaram os profetas, para citar apenas alguns exemplos.

Finalmente, o anjo Gabriel anunciou o nascimento do precursor, João Batista, e do próprio Jesus. Anjos cantaram louvores no nascimento de Cristo: *Glória a Deus nas maiores alturas...* (Lc 2.14). Eles protegeram Jesus na sua infância e o serviram depois da tentação no deserto. No jardim, eles o fortaleceram na sua agonia, quando poderiam tê-lo salvado das mãos dos inimigos. Foram anjos que proclamaram as Boas Novas da ressurreição de Cristo e estarão presentes na sua volta.

Sonhos

Abraham Lincoln disse:

"Como a Bíblia fala sobre sonhos! Acho que, em cerca de dezesseis capítulos no Antigo Testamento e quatro ou cinco no Novo Testamento, sonhos são mencionados. Há ainda muitas outras passagens espalhadas que falam de visões. Se nós acreditamos na Bíblia, devemos aceitar o fato de que, antigamente, Deus e seus anjos vinham aos homens no seu sono e se faziam conhecer nos seus sonhos".

Lincoln estava discutindo com um grupo de amigos sobre um sonho perturbador que tivera, pouco antes de ser assassinado. Ele afirmou que, depois do sonho em que viu seu próprio corpo deitado na Casa Branca, abriu sua Bíblia, e

"por mais estranho que possa parecer, era Gênesis 28, que relata o sonho maravilhoso que José tivera. Mudei para outras passagens e parecia que, para onde quer que eu olhasse, encontrava um sonho ou uma visão. Continuei folheando as páginas do velho livro e, em todo lugar, meus olhos caíam em passagens que registram assuntos estranhamente de acordo com meus próprios pensamentos – visitas sobrenaturais, sonhos, visões e assim por diante".

Coincidências

Milagres frequentemente são vistos assim de acordo com o momento em que acontecem. Trovoadas, raios e chuva forte são comuns. O milagre é que esses fenômenos aconteceram justamente na hora em que Elias estava orando por chuva (1Rs 18.41-45). Nos relatos do nascimento de Jesus, o momento era crítico para Maria e Isabel, confirmando a mensagem que o anjo lhes trouxera.

Deus estava trabalhando na história que estamos prestes a descrever. Ele estava trabalhando para o bem da humanidade, para o meu bem e para o bem dos meus leitores.

Tom Houston — Oxford

PARTE 1

1
Herodes e seu templo
Religião oficial

A história dos eventos sobre o nascimento de Jesus começa com as palavras: *Nos dias de Herodes, rei da Judeia, houve um sacerdote [...] enquanto Zacarias exercia o sacerdócio diante de Deus o sacerdócio [...] no santuário do Senhor...* (Lc 1.5,8s).

O templo de Herodes

Este era o templo que o próprio Herodes havia construído. Ele era um ótimo construtor. Era um grande benfeitor, construindo obras públicas em grande escala. Em honra a César, transformou a cidade de Samaria e chamou-a de *Sebaste*, palavra grega para "Augusto". Na costa, construiu Cesareia, com um grande porto. Ela se tornou a capital romana da Palestina. Ali, Paulo foi julgado pelo governador Félix e pelo Rei Agripa (At 24-26).

O período mais brilhante do reinado de Herodes foi de 25 a 14 a.C. (quando estava com 48 a 59 anos). Ele se dedicou, assim como os governantes que sucederam a Alexandre, o Grande, à edificação de suntuosos prédios em muitas cidades do seu reino. Também construiu templos para o Imperador Augusto, a quem o povo começou a chamar de deus. Ele mudou a cara de Jerusalém embelezando a cidade com novas construções no estilo helenista. Havia teatros, anfiteatros e um hipódromo para corridas de cavalo e carruagens. Em homenagem ao Imperador, que era seu amigo, instituiu jogos a cada cinco anos, com a participação de atletas, gladiadores e animais selvagens. Por volta do ano 24 a.C., construiu seu próprio e imponente palácio real, celebrado pelo luxo de sua mobília e pela força das suas três inexpugnáveis torres.

Os judeus, porém, estavam envergonhados do seu templo. Este, que era o centro de sua vida nacional, havia sido construído originalmente por Salomão. Nabucodonosor o destruiu, levando, juntamente com as pessoas, todos os seus tesouros para a Babilônia. Permaneceu em ruínas por cerca de cem anos. Foi reconstruído quando o povo voltou do exílio. Essa história está no livro de Esdras. Foi chamado de "o Segundo Templo", e era um prédio muito inferior ao que fora construído por Salomão. Nos séculos seguintes, Jerusalém mudou de mãos muitas vezes, e, a cada vez, mais estragos eram feitos ao Segundo Templo.

Os novos e belos prédios de Herodes subindo ao lado do templo, faziam-no parecer totalmente insignificante. Foi realmente um golpe de gênio de Herodes, que nem mesmo era judeu, colocar todos os seus recursos a serviço do povo escolhido. Ele preparou e anunciou seu impressionante plano de substituir "o Segundo Templo", construído depois do exílio, que estava em ruínas. A construção que ele planejou seria um templo maior e mais bonito do que o próprio templo de Salomão.

Herodes demonstrou respeito às prescrições da Lei de Moisés no processo de construção. Dez mil trabalhadores prepararam antecipadamente as pedras que seriam utilizadas no local. Ele custeou o treinamento de mil sacerdotes como pedreiros. Naquelas partes do templo nas quais somente sacerdotes podiam pisar, foram eles que demoliram o antigo prédio, pedra por pedra, e, gradualmente reconstruíram-no com o material preparado, sem interromper as cerimônias um dia sequer. O trabalho durou dezoito meses no santuário e oito anos nos jardins e pórticos. Aprendemos pelo Evangelho de João que, quarenta anos mais tarde, o trabalho continuava em andamento (Jo 2.20). Foi concluído apenas em 63 d.C.

Ele cobria o dobro da área do Segundo Templo, ao qual substituiu. Uma pessoa familiarizada com os detalhes disse: "É quase impossível fazer ideia dos efeitos que seriam produzidos por uma construção maior e mais alta do que a maior catedral, erguida em uma massa sólida de alvenaria no alto de uma montanha, com uma queda abrupta no lado leste". A brancura deslumbrante da pedra recém-trabalhada pelos pedreiros, banhada pela luz do sol, tornaram-no uma das maravilhas do mundo naquela época. Ainda demorou mais oito anos até que, finalmente, fosse completado.

O início da vida de Herodes

Herodes reinou por mais de trinta anos. A maneira pela qual ele se tornou rei poderia ter-lhe dado o título de o "rapaz-que-volta".[1] Não foi por acaso chamado de Herodes, o Grande. Assim como seu pai, ele era um idumeu, que hoje chamaríamos de árabe. Júlio César fez de seu pai Governador da província romana da Judeia em 47 a.C. Herodes e seu pai foram qualificados como judeus apenas porque um sumo sacerdote dos judeus, Hircano I, havia conquistado o país deles, a Idumeia, e os obrigou a se converterem ao judaísmo, ordenando que os homens fossem circuncidados.

A educação de Herodes se deu enquanto acompanhava seu pai nos violentos e aflitivos dias da Guerra Civil Romana. Tornou-se familiarizado com os campos militares e com as cortes reais, e adquiriu habilidade política observando seu pai. No entanto, foi de sua mãe que herdou o caráter impetuoso. Por volta dos vinte e poucos anos, seu pai lhe deu a Galileia para governar e alguns exércitos para liderar.

Júlio César foi assassinado em 44 a.C., e outra guerra civil estourou. Seu pai perdeu o apoio romano. Servir aos romanos durante sua guerra civil

---

[1] Alusão à ida a Roma e sua volta como rei da Palestina. (N. de Tradução)

não era fácil em parte alguma do seu vasto território, especialmente no Oriente Médio. Era necessário ter habilidades acrobáticas para permanecer firme e continuar andando quando os lados mudavam tão rapidamente. Herodes foi conquistando posições, sendo um príncipe, um governador da Galileia e em general. Por volta de 42 a.C., foi reduzido a um fugitivo. Ele estava completamente sozinho. Ninguém se unira a ele. Como comentou certa vez um estudante ganês sobre os líderes africanos: "Foram da graça para a desgraça".

Ele não tinha amigos, exceto em Roma, e Roma ficava longe dali. Mas decidiu ir para lá. Foi de Jericó, via Egito, em uma embarcação dada a ele por Cleópatra. Herodes era o favorito de Marco Antônio, dez anos mais velho que ele. Por sua influência, Herodes foi colocado como rei da Judeia em 40 a.C. pelo Senado Romano. Jesus baseou sua Parábola dos Talentos neste evento histórico: *"– Certo homem nobre partiu para uma terra distante, a fim de tomar posse de um reino e voltar. Chamou dez dos seus servos, confiou-lhes dez minas e disse-lhes: 'Negociem até que eu volte'"* (Lc 19.12s). Demorou três anos, depois de muitas tramas e lutas, até que Herodes dominasse Jerusalém (37 a.C.) e começasse seu ilustre reinado.

O reinado de Herodes

Logo depois que conquistou Jerusalém, Herodes executou mais de quarenta dos setenta e dois membros do Sinédrio, ou Conselho dos Líderes Judeus. Certificou-se de que o conselho cumprisse o que ele dizia e se mantivesse rigorosamente ocupado com os assuntos religiosos. Como um "rei cliente",[2] Herodes saiu do Senado Romano como rei dos judeus, com Marco Antônio de um lado e Otaviano de outro. Otaviano viria a se tornar César Augusto somente treze anos mais tarde. Herodes ganhou a permissão de governar a Judeia em favor dos romanos. Ele foi capaz de afastar ex-soldados romanos,

---

2 Termo que Roma usava para designar os reis submissos ao seu poder – o sistema de clientela é herança de Roma. (N. de Tradução)

colonos, administradores, cobradores de impostos, etc. Só dez anos depois de sua morte a Judeia tornou-se uma província romana, e todos os funcionários que vemos nas páginas dos Evangelhos entraram em cena.

Não houve um autêntico rei dos Judeus por cinco séculos e meio, desde Jeconias (Mt 1.11). A Judeia esteve sujeita a sucessão de diferentes grandes potências e experimentou diversos arranjos no governo do país. O mais comum foi o sumo sacerdote acumular também o poder civil. A posição de sumo sacerdote era, geralmente, para toda a vida, mas Herodes mudou isso. Ele nomeou e depôs sumos sacerdotes conforme bem queria e, algumas vezes, realizou trocas rápidas. Ele mantinha até mesmo os mantos sacerdotais do sumo sacerdote fechados a sete chaves em seu próprio palácio, liberando-os apenas para serem usados em festas. Herodes entendia que era muito importante que a religião servisse aos interesses do Estado.

Os "principais sacerdotes", que só conhecemos no Novo Testamento, surgiram como consequência dessa política. Isso inclui os sumos sacerdotes do presente e do passado, muitos dos quais eram da mesma família. A primeira menção a eles foi quando Herodes convocou-os para que lhe informassem onde o Messias iria nascer (Mt 2.4).

Uma pessoa atraente

Diz-se que Herodes era alto, bonito, charmoso e especialista no campo das relações públicas. Ele era atlético, capaz de feitos de grande resistência, excelente cavaleiro, hábil lutador e arqueiro de primeira classe. Tinha cabelos escuros, pele clara, sensíveis lábios finos, nariz delicadamente moldado, pequenas orelhas onduladas, grandes olhos claros, cílios sem falhas e bem desenhados sob as sobrancelhas escuras. Possuía conhecimento instintivo das falhas dos outros homens. Amigo dos judeus na sua terra e na diáspora, era um diplomata perfeito.

Um diplomata consumado

Um dos encontros mais marcantes da história deve ter sido a visita de Cleópatra a Herodes, em Jerusalém, em 34 a.C. Mais tarde, ele contou a história bastante improvável de que ela teria tentado fazer amor com ele. Ele continuou dizendo que havia pensado em matá-la, porém decidiu que o melhor seria não fazê-lo. Assim, ela sobreviveu, mas não por tanto tempo quanto ele. Depois da morte de Cleópatra, Augusto deu a Herodes alguns dos territórios dela, alargando as fronteiras da Judeia. Nenhum judeu desde Salomão foi soberano sobre um reino tão grande.

Como uma pequena potência consegue conciliar suficientemente seu jeito peculiar e especial de viver com uma superpotência? O desejo de Herodes era manter a Judeia intacta, tão pacífica e tão próspera quanto fosse capaz de se tornar em um mundo dominado por uma potência ocidental – Roma. Ele deveria ser judeu o suficiente para manter o controle sobre os assuntos judaicos; pró-romanos o suficiente para preservar a confiança de Roma e grego o suficiente para impressionar seus numerosos vizinhos não judeus. Enquanto viveu, fez grandes coisas tanto para romanos quanto para gregos e judeus. Ele era árabe pela raça, romano pela aliança política e grego pela cultura.

O quanto isso era um trunfo é evidenciado no fato de que se dizia que ele era amado por César Augusto tanto quanto Agripa, o segundo no comando depois de César, e amado por Agripa tanto quanto César Augusto o era.

Um administrador competente

Se desconsiderarmos pequenos grupos de homens nobres arruinados e revoluções messiânicas, os judeus nunca estiveram tão bem. Herodes gastou gigantescas somas de dinheiro com tanta eficiência que, mesmo sem um sistema de tributação opressivo, deixou o país rico. Os camponeses, comerciantes e cidadãos comuns estavam prosperando e sabiam disso. O forte trabalho público de Herodes trouxe muitos empregos e eliminou a agitação popular. Quando começaram a surgir queixas, depois da sua morte, Nícolas de Damasco, seu biógrafo, rapidamente assinalou que não havia sinal delas quando ele ainda estava vivo. Ele trouxe paz ao reino por todos os seus 33 anos de reinado, com poucas e periféricas exceções. Era uma paz que esteve livre de incursões de oficiais romanos. Herodes era a cara da Paz Romana (*Pax Romana*) para os Judeus.

Os motivos de Herodes

Para Herodes, construir o templo não foi um ato religioso. Ele estava fazendo o jogo dos religiosos para atingir seus próprios objetivos. É muito comum o fato de governantes usarem a religião. Um exemplo notório foi o que Stalin fez quando foi confrontado pela necessidade de guerrear contra os alemães na Segunda Guerra Mundial. Em seu primeiro discurso depois da invasão alemã, em 3 de julho de 1941, ele começou: "Companheiros, cidadãos, *irmãos e irmãs*". A maneira cristã de dirigir-se a alguém ressurgiu dos seus dias de seminário. Apenas três anos antes, ele havia proclamado um "Plano de cinco anos sem Deus", no final dos quais, em 1943, a última igreja seria fechada e o último clérigo destruído.

Chamou sua atenção que Ilya, arcebispo das montanhas do Líbano, encerrou-se em uma cela subterrânea, sem comida e sem dormir, enquanto orava à virgem Maria, ajoelhado, pela Rússia. Ele teve uma visão miraculosa que descreveu em carta para os líderes da Igreja Ortodoxa Russa. No terceiro dia, a virgem Maria lhe apareceu em uma coluna de fogo e deu-lhe uma mensagem de Deus: "As igrejas e monastérios devem ser reabertos por todo o país. Sacerdotes devem ser soltos das prisões. Leningrado não deve se render, mas o ícone sagrado de Nossa Senhora de Cazã deve ser carregado ao redor dos limites da cidade, levado a Moscou, onde uma missa deve ser realizada, e seguir para Stalingrado".

Stalin agiu de acordo com a visão do arcebispo Ilya. Seguindo suas ordens, muitos sacerdotes foram trazidos de volta dos cativeiros. Em Leningrado, cercados pelos alemães e gradualmente morrendo de fome, os habitantes foram surpreendidos e animados em ver o ícone de Nossa Senhora de Cazã trazido às ruas e erguido em procissão. De Leningrado, o ícone foi para Moscou e, em seguida, enviado para a sitiada Stalingrado. Foi exposto em cada uma das três grandes cidades que não haviam se rendido aos inimigos. Vinte mil igrejas foram reabertas. Stalin e seus generais enviaram tropas para a guerra com as palavras: "Deus os acompanhe". Em 17 de outubro, o *Pravda* relatou que o chefe do Partido Bolchevique se reuniu com o chefe interino do Patriarcado, arcebispo Sergei, algo que não acontecia desde outubro de 1917. Durante a reunião, foi dito que Stalin havia "reagido com simpatia ao propósito de eleger um Patriarca e disse que o governo não colocaria obstáculos no caminho". Após a guerra, no entanto, Stalin retornou à sua repreensão característica à igreja e seus líderes.

Um resultado diferente

Depois da morte de Herodes, os judeus abandonaram sua política de trabalhar com os romanos, que os levara a tão grande prosperidade. No caso do templo de Herodes, os líderes judeus transformaram o local de adoração em um lucrativo lugar de negócios, cobrando altas taxas e implementando um sistema lucrativo de sacrifícios de animais. Em seguida, transformaram-no em símbolo do nacionalismo judaico. Começaram a conspirar e lutar contra os romanos. Decidiram lutar até a morte na defesa do templo e fizeram dele cenário daquele que talvez tenha sido o mais sangrento cerco da história. O templo foi destruído, como havia sido profetizado por Jesus, no cerco dos romanos a Jerusalém, em 70 d.C. (Mt 24.2). Seguiu-se a destruição do Estado Judeu por dezenove séculos até 1948.

Atualmente pouco resta do templo de Herodes, exceto o vasto terraço cercando a mesquita *Al Aqsah* e o Muro das Lamentações.

O templo e a criança

Esse foi o templo no qual o anjo Gabriel anunciou ao sacerdote Zacarias que ele e sua esposa teriam um filho, o precursor do Messias (Lc 1.1-23). Ali Jesus, ainda bebê, foi apresentado ao Senhor e reconhecido como Messias pelos idosos Simeão e Ana (Lc 2.22-38). O templo e a criança tornaram-se símbolos de dois tipos de religião. Uma, ornamentada, grandiosa e oficial. A outra, fraca, pequena e aparentemente insignificante. Uma é externa e impressionante, a outra, interna e leva a mudança de vida.

É significativo, talvez alarmante que, atualmente, os cultos de Natal sejam os mais frequentados. A cena da Natividade, com mãe e filho, é trazida para prédios ornamentados, nos quais várias pessoas estão reunidas. Originalmente, era o oposto. Para ver o Cristo menino, você teria que entrar na mais pobre das casas, sob as frias estrelas do inverno.

O contraste e a tensão continuaram surgindo na vida de Jesus até a última semana de sua vida, quando purificou esse templo, virando as mesas de negócios e espalhando os animais que estavam à venda ali. Ele chamou o local de covil de salteadores, quando deveria ser casa de oração para todas as nações (Lc 19.45-46).

O templo também aparece na aflição de Jesus quando algumas pessoas o acusaram de querer destruí-lo: – *Nós o ouvimos declarar: "Eu destruirei este santuário edificado por mãos humanas e, em três dias, construirei outro, não por mãos humanas"* (Mc 14.58). Mesmo quando ele morreu na cruz, a cortina pendurada no templo partiu-se ao meio, de alto a baixo, um símbolo de que havia um novo caminho para a presença de Deus (Mc 15.38).

Precisamos decidir se queremos ser templos cristãos ou aqueles que querem o Cristo nascido em uma manjedoura realmente habitando em cada um de nós (2Co 6.15s), ou na comunhão da igreja (1Co 3.16s). Examinaremos Herodes novamente no capítulo 11.

2
Zacarias
Um velho homem e suas orações
Lucas 1.5-25, 57-80

No período final do reinado de Herodes, o Grande, havia um casal que vivia próximo de Jerusalém. Zacarias era um sacerdote e sua esposa, Isabel, também era de família sacerdotal. Sendo sacerdotes, moravam em uma terra à parte, separada para os sacerdotes. Eles também tinham sua renda complementada com a partilha dos dízimos e ofertas trazidos pelo povo ao templo em Jerusalém.

Um sacerdote e seu grande momento

Como todos os sacerdotes, Zacarias tinha que ir para o grande templo, em Jerusalém, três vezes ao ano, para ajudar na organização geral das grandes festas. Naqueles pacíficos e prósperos dias, iam para lá milhares de judeus de todo o país e de vários lugares do mundo.

Ele também deveria estar preparado para ser chamado ao templo na semana de tarefas especiais, duas vezes ao ano, juntamente com cerca de oitocentos sacerdotes da ordem sacerdotal de Abias (Lc 1.5). Havia tantos sacerdotes, que os deveres sagrados de auxiliar nos sacrifícios diários só aconteciam ocasionalmente. Às vezes nunca tinham a chance, pois eram escolhidos por sorteio.

Zacarias e Isabel eram muito velhos, tão ou mais velhos que o próprio Rei Herodes. Moravam perto de Jerusalém, onde ficava o palácio real. Naquela época, havia mais de 20.000 sacerdotes na Judeia. Herodes não era muito amigável com eles. Ele tinha motivos para suspeitar dos sacerdotes. Por séculos, o sumo sacerdote, quando nomeado, permanecia no cargo pelo resto da vida. No passado recente, ele inclusive assumia a chefia do Estado, na ausência de um rei ou governador. Quando Herodes tornou-se rei dos Judeus em Roma, o sumo sacerdote era seu principal rival. Para compensar essa fonte de problemas em potencial, Herodes nomeou seus próprios candidatos ao cargo, nomeando-os e demitindo-os a seu bel-prazer. Aqueles que eram ex-sacerdotes sob esse regime, vieram, com suas famílias, a ser conhecidos por "chefes dos sacerdotes" ou "principais sacerdotes", como encontramos nos quatro Evangelhos.

Sacerdotes como Zacarias não agradavam a Herodes com favores, mesmo que ele tenha trazido ao país prosperidade não vista há tempos. Ainda assim, até certo ponto, foram conquistados pelo fato de que, entre todas as suas grandes construções, o prédio de maior prestígio foi o novo templo em Jerusalém. Herodes atraiu os favores dos sacerdotes quando treinou mil deles como pedreiros e carpinteiros para trabalharem na construção. Desse modo, não haveria sacrilégio por parte dos construtores entrando nas áreas sagradas reservadas a sacerdotes. Zacarias estaria com 50 anos quando esse trabalho começou. Por dez anos, o templo parecia um canteiro de obras. Zacarias, como todos os outros sacerdotes, tinha que trabalhar o melhor possível para controlar as multidões que vinham às festas. Aquele transtorno terminou três ou quatro anos antes de nossa história. A construção continuou em diferentes etapas por mais setenta anos até que todos os edifícios e pátios ao redor estivessem concluídos. Era um prédio magnífico, melhor do que o de Salomão e do que o Segundo Templo, que o substituiu depois do exílio. Assim, enquanto Zacarias ia envelhecendo, executava suas obrigações de sacerdote em lugares muito bonitos.

2 — Zacarias - Um velho homem e suas orações (Lc 1.5-25, 57-80)

Zacarias e Isabel tinham uma tristeza profunda. Eles não tinham filhos. Isso causava discriminação naquela sociedade, pois era entendido como castigo sobre o casal, especialmente a mulher. Era difícil de entender, pois eram muito fiéis, demonstrando sua fé em Deus por meio de uma vida exemplar (v.6). Eles permaneceram longe de problemas. Mais do que isso, mantiveram-se longe do caminho de Herodes. Imaginaram que terminariam suas vidas em paz e tranquilidade.

O grande momento de Zacarias aconteceu no final do próspero, mas cruel, reinado de Herodes, o Grande. Ele desceu muito apreensivo para o templo, em Jerusalém, para servir no Sábado, quando começaria sua semana de obrigações. Ele foi escolhido por sorteio para queimar incenso no altar de ouro no Santo dos Santos (v.9). Zacarias ganhou na loteria em termos sacerdotais! Não havia maior honra ou responsabilidade. Ele observou todas as regras para ter certeza de que estava "santo" o suficiente para entrar no lugar sagrado. Vestiu roupas pesadamente adornadas e especiais. *... entrar no santuário do Senhor para queimar o incenso. Durante esse tempo, toda a multidão do povo permanecia da parte de fora, orando* (vs.9s). Tudo corria muito bem, até que ficou ali sozinho.

Um marido e suas orações

E eis que apareceu a Zacarias um anjo do Senhor, em pé, à direita do altar do incenso. Ao vê-lo, Zacarias ficou assustado, e o temor se apoderou dele. O anjo, porém, lhe disse: – Não tenha medo, Zacarias, porque a sua oração foi ouvida. Isabel, sua esposa, dará à luz um filho, a quem você dará o nome de João (vs.11-13).

O homem sem filhos seria pai em idade avançada, e sua esposa idosa seria mãe. Enquanto tentava aceitar esse verdadeiro raio que caiu sobre ele, o anjo continuou com a boa notícia: *Você ficará alegre e feliz, e muitos ficarão contentes com o nascimento dele. Pois ele será grande diante do Senhor...* (vs.14s).

"Então, o menino crescerá e será um grande homem", pensou Zacarias. O anjo continuou:

... não beberá vinho nem bebida forte e será cheio do Espírito Santo, já desde o ventre materno (v.15).

"Ah, ele será um nazireu, como Sansão!" A irrealidade disso cresceu com a frase:

E irá adiante do Senhor no espírito e poder de Elias [...] e habilitar para o Senhor um povo preparado (v.17).

"Outro Elias!", pensou ele. "Eu sei o que isso quer dizer. Significa que ele será o precursor do Messias! Isso é demais!"

... para converter o coração dos pais aos filhos, converter os desobedientes à prudência dos justos e habilitar para o Senhor um povo preparado (v.17).

"É claro! Isso foi o que Malaquias disse." Incapaz de conter-se, falou sem pensar: – *Como terei certeza disso? Pois eu sou velho, e a minha mulher também já tem idade avançada* (v.18). Isso foi o que ele disse, mas não parecia ser o que ele queria ter dito.

O anjo lhe dissera: *... a sua oração foi ouvida* (v.13). A Bíblia sugere que ele se acostumara com orações não respondidas. As coisas para ele estavam confortáveis. Não queria mais ser respondido. O anjo estava bagunçando as coisas justamente nesta fase final da vida! Quantos anos ele sofrera, juntamente com sua esposa, Isabel, a reprovação porque não puderam ter filhos. Ele levou sua vida nesse emaranhado de emoções, somente experimentado por aqueles que tiveram a mesma experiência. Eles se sentiam privados de algo precioso que esperaram como todo casal: a bênção de ter filhos. Como todo casal sem filhos, esperavam ansiosamente todos os meses do ano que Isabel tivesse concebido. Isso colocou uma tensão no seu relacionamento. Ele poderia até mesmo ter pensado em divorciar-se de Isabel e casar-se com outra mulher, mas seu desejo comum de fazer a vontade de Deus não o permitiu.

2 — Zacarias - Um velho homem e suas orações (Lc 1.5-25, 57-80)

Era difícil com os pais deles, que sempre perguntavam e insinuavam que estavam ansiosos por netos. Tudo isso os deixava preocupados, tensos, irritados e profundamente tristes. Eles se perguntavam se estavam sendo punidos por erros do passado, mesmo sendo tementes a Deus e vivendo vidas exemplares. Por vezes, a confiança entre eles parecia abalada. Eles estavam constantemente bravos, com ciúmes dos outros, sentindo-se desvalorizados e indesejados por seus amigos.

O casal orou, orou, orou sem nenhum retorno. Mas eles se conformaram com a situação e se acomodaram. Precisavam seguir com suas vidas. Depois da menopausa, foi mais fácil. Puderam parar com o ciclo mensal de espera e esforço, ajustando-se à situação. De repente, uma oração esquecida pega Zacarias de surpresa. Ele não gostou muito da ideia de ter sua oração respondida.

Não é incomum desistirmos de orar. Muitos de nós temos orações do passado que não oramos mais. Algumas delas, sem dúvida, foram orações tolas e até nos envergonhamos de lembrá-las. C. S. Lewis afirmou: "Se Deus tivesse concedido todas as orações bobas que fiz, onde eu estaria agora?" Algumas delas foram egoístas, e somos gratos que Deus nos conheça melhor do que nós mesmos e misericordiosamente não tenha respondido. Outras eram diferentes. Estávamos no caminho certo, mas, convenientemente, nos esquecemos delas. Começamos a duvidar depois de muitas orações não respondidas. Não gostaríamos muito que fossem respondidas agora. Éramos mais jovens. Somos mais velhos agora. Estávamos comprometidos com valores que não mais controlam nosso estilo de vida. Estávamos em círculos diferentes e somos mais sofisticados hoje. Seria muito inconveniente se aquela oração fosse ressuscitada e respondida. Isso cria em nós algum cinismo.

Cumprir a vontade de Deus hoje pode significar, para nós, nos lembrarmos de orações antigas e atualizá-las. Não suponho que apareça um anjo para sacudir você, como aconteceu com Zacarias. No entanto, talvez haja o suficiente em suas reflexões recentes ou em eventos que está começando a formar um padrão para fazer você pensar se não deveriam ser restaurados anos que os gafanhotos comeram. Ou talvez você se sentisse emocionado, como Isabel, em saber que suas orações ainda podem ser respondidas.

Com Zacarias, o anjo veio e abriu o assunto novamente. Sem pensar, ele pergunta: – *Como terei certeza disso? Pois eu sou velho, e a minha mulher também já tem idade avançada* (v.18). Esperança adiada adoece o coração e abala a fé. Embora tivesse feito uma pergunta, ele realmente estava dizendo: "Espero que você esteja errado!" Ele teve essa conversa internamente enquanto o anjo falava. Isso não foi bem recebido.

O anjo respondeu: – Eu sou Gabriel, que estou a serviço de Deus, e fui enviado para falar com você e lhe trazer esta boa notícia. Todavia, você ficará mudo e não poderá falar até o dia em que estas coisas vierem a acontecer, porque você não acreditou nas minhas palavras, as quais, no devido tempo, se cumprirão (vs.19s).

Quando ouviu que ficaria mudo, tentou falar, mas não conseguiu. Totalmente desmoralizado, concluiu sua tarefa, e cambaleando até a entrada, saiu na brilhante luz do sol.

O povo estava esperando Zacarias e admirava-se com a demora dele no santuário. Quando Zacarias saiu, não lhes podia falar. Então entenderam que ele havia tido uma visão no santuário. E expressava-se por sinais e permanecia mudo (vs.21s).

Despiu-se e, de alguma maneira, administrou até o final sua semana de obrigações. *Aconteceu que, terminados os dias do seu ministério, Zacarias voltou para casa* (v.23). O grande momento de Zacarias parece ter terminado em um desastre. Ele perdera a capacidade de falar e ouvir. E ainda havia a promessa de que teriam um bebê. Podemos apenas imaginar como ele fez para chegar em casa e transmitir a Isabel o que aconteceu no templo. Não é difícil supor como foi lidar com sua perda de fala e audição, em casa e com os vizinhos em sua aldeia. Toda comunicação se dava por sinais, em uma tabuinha ou na poeira do chão, com uma varinha ou com o dedo.

Uma criança e seu papel

Passados esses dias, Isabel, a mulher de Zacarias, ficou grávida. E ela não saiu de casa durante cinco meses, dizendo: – Foi isto o que o Senhor me fez, ao contemplar-me, para acabar com a minha vergonha diante das pessoas (vs.24s).

Então, no sexto mês de gravidez, uma parenta deles do Norte, de Nazaré, chegou com outra história, mais estranha ainda, como souberam mais tarde. Essa prima, que ainda era pouco mais do que uma menina, também recebera a visita do anjo Gabriel. Ela também teria um bebê – sem nem mesmo ter um marido. Assim que ela apareceu na porta, ao cumprimentarem-se, *Isabel ficou cheia do Espírito Santo. E exclamou em alta voz: – Bendita é você entre as mulheres, e bendito o fruto do seu ventre! E que grande honra é para mim receber a visita da mãe do meu Senhor! Pois, logo que me chegou aos ouvidos a voz da saudação que você fez, a criança estremeceu de alegria dentro de mim. Bem-aventurada a que creu, porque serão cumpridas as palavras que lhe foram ditas da parte do Senhor* (vs.41-45).

Claramente Zacarias viu que sua esposa, Isabel, reconhecera que o que Gabriel havia dito a ele sobre o Senhor, que estava para vir, estava sendo cumprido em sua jovem prima grávida. Então, parece que veio uma inspiração à jovem prima, e ela cantou uma canção de louvor e gratidão, que, quando Zacarias entendeu as palavras, percebeu que ela era como as grandes canções do seu passado.

Maria ficou com eles por três meses. A idosa e a jovem puderam conversar bastante. Enquanto isso, Zacarias parecia feliz, porém, profundamente pensativo. Isabel gesticulava ou escrevia as novidades para ele.

Quando chegou o tempo de Isabel dar à luz, ela teve um filho. Os vizinhos e parentes ouviram que o Senhor tinha usado de grande misericórdia para com Isabel e se alegraram com ela (vs.57s). Por enquanto, tudo bem! Zacarias fez o que pôde para ajudar e entrar no regozijo geral.

Aconteceu que, no oitavo dia, foram circuncidar o menino e queriam dar-lhe o nome de seu pai, Zacarias. Mas a mãe do menino disse: – De modo nenhum! Ele será chamado João (vs.59s). Zacarias ficou aliviado quando fez a leitura labial da conversa. Todavia, os vizinhos contestaram. *Disseram-lhe: – Mas você não tem nenhum parente com esse nome! Fizeram sinais, perguntando ao pai do menino que nome queria que lhe dessem. Então, pedindo uma tabuinha, ele escreveu: – O nome dele é João. E todos se admiraram. Imediatamente a boca de Zacarias se lhe abriu e a língua se soltou. Então começou a falar, louvando a Deus. Todos os vizinhos deles ficaram possuídos de temor, e essas coisas foram divulgadas por toda a região montanhosa da Judeia. Todos os que as ouviram guardavam-nas no coração, dizendo: – O que virá a ser este menino? E a mão do Senhor estava com ele* (vs.61-66).

A mudança no velho homem

Zacarias percebeu o quão abençoado tinha sido antes de perder as habilidades que ele e todos nós tomamos por certas. Fico imaginando se ele era um homem falante, o tipo de pessoa que tem necessidade de falar muito, que não é bom em ouvir, que muda a conversa sempre para o que lhe interessa. Se era um dominador, o tipo que pode desconversar alguém e que quer ter sempre a última palavra. Se ele era assim, teve muito tempo para reconhecer e aprender com seus erros. Tiago nos diz que devemos ser tardios no falar e prontos para ouvir (Tg 1.19). O Provérbio afirma que quanto mais você fala, mais fácil é cair em pecado (Pv 10.19).

Zacarias acabou com o medo e toda inibição que teve que suportar sendo surdo e mudo por nove meses ou mais. Ele estava curado do seu cinismo. Agora estava pronto para ter essa criança, mesmo que pudesse ser um inconveniente para um homem idoso como ele, que já tinha tudo organizado. Gabriel havia dito que o menino uniria pais e filhos novamente (Lc 1.17). É interessante que não haja registros sobre seu filho, João Batista, referindo-se a essa profecia. Poderia ser que ela deveria se cumprir primeiro no próprio

2 — Zacarias - Um velho homem e suas orações (Lc 1.5-25, 57-80)

Zacarias? Para começar, para ele, João era uma criança indesejada. Agora, tudo mudara. A criança era muito desejada e seria chamada João, como o anjo havia dito. Assim teve que começar tudo novamente e pensar como sua geração. Isso é realmente pedir demais para um idoso que pensou ter deixado tudo para trás, podendo terminar seus dias no conforto de seus próprios preconceitos e preferências.

A lacuna das gerações continua lá e precisa ser ultrapassada para que o respeito seja restaurado, haja paz e entendimento em nossa sociedade. Não podemos desistir disso. Uma ponte precisa ser construída de ambos os lados, mas está claro que a iniciativa precisa vir primeiro de nós, os mais velhos. Nós, que somos supostamente mais sábios, precisamos mostrar isso e começar a construir a ponte do nosso lado.

A mudança de Zacarias veio de ser cheio do Espírito Santo e ele falou de sua própria profecia, que estava sendo construída nele durante todo aquele tempo. Primeiro, falou sobre o outro bebê que continuava sendo carregado por sua prima da Galileia. Ele era o importante. Ele era o grande filho de Davi. Mostraria que Deus se lembrava da aliança que fizera com seu antepassado Abraão. Traria um novo dia, iria redimi-los e os salvaria dos seus inimigos, como todos os profetas já haviam previsto (vs. 67-75).

Só depois disso falou sobre o bebê que estava nos braços de Isabel na frente de todos eles. Seu filho seria um extraordinário profeta de Deus, preparando o caminho para o Messias que logo viria. Quando tudo acontecesse, seria como a alvorada depois de uma noite muito escura. A vida teria um valor diferente porque Deus mostrou sua misericórdia e bondade a eles e ao mundo.

Zacarias tornou-se mais positivo do que havia sido há muito tempo. Estava cheio de gratidão por tudo o que acontecera com ele e por tudo o que isso tinha iniciado para o seu povo. Esta é uma das melhores coisas que nós, que somos mais velhos, podemos fazer: parar de reclamar porque nosso conforto não está intacto. Mostrar gratidão e apreciação por tudo o que acontece conosco e expressar sempre um voto de confiança no que a geração mais jovem será capaz de fazer. Ficamos infelizes e aborrecemos os outros se, em nossos anos de maturidade, constatamos um egocentrismo que não era nem possível em nós em nossos anos de juventude. Que Deus nos ajude a compor nossas próprias versões do Cântico de Zacarias, e aumentar a confiança dos "Joões" dos últimos dias, que muitas vezes sentem que são indesejáveis. Tenhamos a certeza de que eles não fiquem com essa impressão de nós.

3
Isabel
A esposa temente a Deus
Lucas 1.5-7,23-25,39-45

A esposa do sacerdote

A história de Isabel era a história de Zacarias, ainda assim, é muito diferente da do seu marido. Ambos vieram de uma família sacerdotal. A maioria dos convidados de seu casamento eram seus parentes sacerdotes. Sua vida de casados começou como qualquer outra. Então começou a parecer que não teriam filhos tão rapidamente como os parentes da sua grande família. Como casal, passaram a se sentir diferentes. Quando toda a família se reunia para a Festa da Páscoa, todas as crianças participavam do *Seder*[3] e então corriam à procura da recompensa especial que o avô havia escondido. Nenhuma das crianças era deles. Isso aumentava seu sentimento de vazio.

As dicas sem fim dos pais de ambos os lados e os olhares maliciosos de amigos da sua própria geração faziam com que se sentissem desolados. Afinal de contas, não era culpa deles. Eles não podiam fazer nada se Isabel não engravidava. O casal esperava apreensivamente. Todos os meses eles observavam e esperavam para ver se havia acontecido, mas eram sempre lágrimas.

---
3   Para os judeus, serviço ritual e jantar cerimonial da primeira noite ou das duas primeiras noites da Páscoa. (N. de Tradução)

Estavam muito frustrados. Sua esterilidade os confrontava como uma enorme parede de pedra através da qual não conseguiam passar, nem circundar, nem pular. Seu sentimento de perda às vezes era esmagador.

Isso levava a discussões entre eles. Zacarias culpava Isabel, pois, naquela cultura, a mulher era sempre a culpada. Parecia que haviam roubado o sentido da vida, pois o propósito de todo casamento era continuar a linhagem e transmitir as bênçãos da família. Zacarias se sentia enganado. Isabel sentia-se desamparada por Deus.

Era especialmente difícil quando Zacarias tinha de subir ao templo para cumprir suas obrigações sacerdotais. Nos dias de festa, quando Isabel ia com ele, destacavam-se nas ruas de Jerusalém, pois todos tinham crianças correndo em volta. Quando ele ia sozinho para cumprir as obrigações do seu grupo de sacerdotes, ela ficava para trás e não tinha nem a companhia do marido para compensar a falta dos filhos. Com sua esterilidade, desapareceu a esperança secreta de toda mulher judia, de que poderia vir a ser a mãe do Messias. Foi assim por anos, e eles amparavam um ao outro da melhor maneira que podiam. As pessoas os viam como justos e inocentes, obedecendo plenamente todas as leis e mandamentos de Deus (Lc 1.6).

De alguma maneira, começou a ser diferente. Provavelmente depois da menopausa, quando Zacarias poderia dizer: "Bem, é isso! Não acontecerá agora. Precisamos seguir com nossas vidas!" Ele começou a se adaptar a uma vida sem filhos. Seria o melhor sacerdote que pudesse.

Foi diferente para Isabel. Ela se lembrava das vezes em que, no passado, Deus visitara casais, e eles tiveram filhos tarde, como Raquel, esposa de Jacó e mãe de José (Gn 30.22), ou Ana, esposa de Elcana (1Sm 1.19-20). Houve outros aos quais Deus fora gracioso após os anos férteis, como Abraão e Sara, os pais de Isaque (Gn 21.1-2), e Manoá e sua esposa, os pais de Sansão (Jz 13.24). A chama da sua fé ainda queimava, mesmo que fosse uma chama pequena que ninguém percebia além dela. Como Abraão, ela esperava contra a esperança por um filho (Rm 4.18).

3 — Isabel - A esposa temente a Deus (Lc 1.5-7, 23-25, 39-45)

O sacerdote arrasado

Zacarias desceu para suas obrigações no templo, como costumava fazer quando era a vez do seu grupo. Isabel também seguiu com suas tarefas como era seu hábito. Quando chegou o dia de seu marido retornar, arrumou a casa e preparou a refeição que sabia que ele gostava. Ela esperava por sua chegada.

Assim que o viu, sentiu que havia algo errado. Havia um homem com ele, obviamente cuidando dele, e nenhum deles falou enquanto caminhavam. Finalmente entrou em casa e pôde apenas gesticular, com exasperação escrita em sua face. Ela pôde ver que ele não podia falar. Quando falou com ele, era evidente também que não podia ouvir.

Seu acompanhante explicou o que sabia. Falou do tremendo privilégio dado a Zacarias, de ter sido sorteado para queimar incenso no altar e como havia ficado satisfeito. Ele se preparou meticulosamente no dia e entrou sozinho através da cortina para o Lugar Sagrado. Uma multidão de adoradores esperou do lado de fora. Ele ficou lá dentro por muito tempo, muito mais do que o normal. O povo ficou impaciente e depois um pouco ansioso.

Quando saiu, ele cambaleou, gesticulando com seus braços e mãos. Nenhum som saiu de seus lábios, ainda que estivesse obviamente tentando falar. Finalmente ficou claro que ele perdera a capacidade de falar e ouvir. O povo começou a especular que talvez tivesse recebido uma visão (Lc 1.22).

Ajudaram a levá-lo para o alojamento dos sacerdotes e, quando havia se acalmado o suficiente, entregaram-lhe uma tabuinha para que escrevesse algumas palavras para explicar o que havia acontecido. Ele tinha visto um anjo. Eles conseguiram isso, mas ele não foi capaz ou não quis escrever mais. Depois que Isabel lhe deu algum ânimo, o homem que o havia trazido foi embora, e o casal foi deixado sozinho.

O que aconteceu então? Lucas descreve superficialmente o que aconteceu. Podemos apenas supor que foi um momento emocional – muitos momentos emocionais – antes que Zacarias pudesse contar a Isabel tudo o que acontecera no templo e como isso o devastou. Isso exigiu todo seu amor e paciência de esposa para lidar com a situação, e foi o que fizeram. Para Isabel eram boas notícias. Sua oração foi respondida como pensava que seria. Ela teria um filho homem só seu, e ele seria o precursor do Messias!

Entretanto, ela estava angustiada por Zacarias, seu marido. Que sofrimento para um homem que nunca fora lento em falar. Mas eles encarariam a situação juntos. Isabel concebeu e eles sabiam que um bebê estava a caminho. O anjo estava certo. Mas como eles lidariam com os vizinhos? Eles decidiram que ela ficaria em casa, como uma maneira natural de não chamar muita atenção para eles. Não poderiam esconder que Zacarias estava sem poder falar e ouvir, então ele não precisava dar explicações a todos sobre o que havia acontecido. Eles se perguntavam se a razão para a incapacidade de Zacarias seria para que o assunto ficasse em segredo até a hora certa de contar a todos. Então ele fez o que tinha que ser feito fora de casa enquanto ela se preparava para o momento mais aguardado da sua vida. Era uma casa muito silenciosa comparada ao que eles conheciam. Para Isabel, não era só a alegria de saber que teria um filho, mas também que a desgraça vivida por tantos anos havia ido embora (v.25).

Uma visita inesperada

Aos seis meses de gravidez, alguém bateu à sua porta. Quando a abriram, viram que era uma jovem prima de Nazaré. Eles a convidaram para entrar e ela cumprimentou Isabel. Quando Isabel ouviu o cumprimento de Maria, algo surpreendente aconteceu. O bebê moveu-se dentro dela. Ela não tinha visto anjo algum. Nem teve sonho algum. Contudo, sabia que aquela seria a mãe do Messias.

Ela encheu-se com o Espírito Santo, e a idosa Isabel viu-se falando em alta voz para aquela adolescente: – *Bendita é você entre as mulheres, e bendito o fruto do seu ventre! E que grande honra é para mim receber a visita da mãe do meu Senhor! Pois, logo que me chegou aos ouvidos a voz da saudação que você fez, a criança estremeceu de alegria dentro de mim. Bem-aventurada a que creu, porque serão cumpridas as palavras que lhe foram ditas da parte do Senhor* (vs.42-45).

3 — Isabel - A esposa temente a Deus (Lc 1.5-7, 23-25, 39-45)

Zacarias pôde apenas assistir e ver que a esposa estava de alguma maneira inspirada sem ouvir uma palavra. Então havia mais. A inspiração passou de Isabel para a jovem Maria. As palavras de Isabel foram muito importantes para ela. Isabel foi a primeira pessoa a acreditar na sua história. Não tinha sido nada além de vergonha e embaraço em Nazaré. Até mesmo José, seu noivo, demorou a acreditar nela. Ela começou a entoar uma canção de louvor a Deus, que fez lembrar a que Ana orou quando entregou Samuel ao serviço no Tabernáculo (1Sm 2.1-10). Com o tempo, Isabel escreveu sobre tudo isso para Zacarias, e ambos foram encorajados quando perceberam que esta era a próxima peça do quebra-cabeça que começara para eles com o anjo no templo.

Maria ficou três meses, e como conversaram! Isabel contou a história de Zacarias com o anjo no templo e de como voltou mudo. Maria completou com sua história de como o mesmo anjo veio a ela e disse que teria um filho sem um pai humano. O anjo lhe dissera: *E Isabel, sua parenta, igualmente está grávida, apesar de sua idade avançada, sendo este já o sexto mês de gestação para aquela que diziam ser estéril. Porque para Deus não há nada impossível* (Lc 1.36s). Foi isso que lhe deu a ideia de se afastar das línguas fofoqueiras e vir visitá-los. Podemos imaginar como Zacarias lidou com tudo isso, tendo que esperar que cada frase fosse escrita para ele. O tempo passou, e eles tiveram muita certeza de tudo.

O fim de sua vergonha

O tempo de Isabel dar à luz estava chegando. Eles arranjaram a volta de Maria para Nazaré. O grande dia chegou e Isabel deu à luz um filho. Seus vizinhos e parentes ouviram como Deus foi maravilhosamente bom com ela, e todos celebraram juntos.

Quando o bebê estava com uma semana de vida, vieram para circuncidá-lo, e o chamariam de Zacarias, como seu pai. Mas a mãe do menino disse:
– *De modo nenhum! Ele será chamado João* (v.60).

Eles lhe disseram: – *Mas você não tem nenhum parente com esse nome!* (v.61). Então fizeram sinais a seu pai, perguntando qual deveria ser o nome do menino.

Zacarias pediu uma tabuinha e escreveu: – *O nome dele é João* (v.63). Como todos ficaram surpresos! Assim que escreveu o nome, Zacarias voltou a falar e começou a louvar ao Senhor. Todos os vizinhos ficaram com medo, e as notícias sobre essas coisas se espalhou por toda a região montanhosa da Judeia. Todos os que ouviam falar disso se perguntavam: – *O que virá a ser este menino? E a mão do Senhor estava com ele* (v.66).

Agora foi a vez de Zacarias profetizar. Tudo o que ficou guardado nos últimos meses transbordou em louvor a Deus. Ele estava em êxtase. Toda sua relutância em crer se foi e ele proferiu a mais longa de todas as canções proféticas da Natividade.

Agora eles puderam entender por que suas orações demoraram tanto para serem respondidas. Suas orações estavam atreladas aos planos de Deus sobre o que aconteceria com Maria, que era muito mais jovem. Nem sempre nos lembramos de que as repostas de Deus às nossas orações estão ligadas àquilo que Deus está fazendo ou irá fazer na vida de outras pessoas. Se quisermos que a vontade de Deus seja feita, isso pode envolver futuras gerações. Deus tem longos pensamentos.

Depois da ressurreição, Jesus disse para o incrédulo Tomé: "– *Você creu porque me viu? Bem-aventurados são os que não viram e creram*" (Jo 20.29). Isabel é exemplo dessa fé firme e silenciosa.

Sem preconceito de idade com Deus

Zacarias e Isabel e seu papel na vinda de Cristo ao mundo demonstram que Deus tem um propósito para seu povo que não impede que sejam parte disso, por mais velhos que sejam. Deus nunca termina seu plano conosco. Ele tem algo para sermos e fazermos que se encaixa no estágio de vida em que estamos. Nossa dificuldade pode ser que continuamos tentando ser o que éramos em nossos dias de juventude. Deus tem coisas novas para nos envolvermos que exigem dons que estão em ascensão em nós agora: paciência, sabedoria, mais tempo para orar, mais tempo para ouvir, para telefonar. Encorajar outros é de grande valor e um dom muito necessário na igreja e no mundo de hoje.

Willian Quarrier (1829-1903), o fundador do *Quarriers Homes in Bridge of Weir*, na Escócia, ilustra o padrão. Órfão aos sete anos, ele trabalhava setenta horas por semana colocando cabeças em alfinetes por um salário de apenas um xelim por semana. Ele se tornou um sapateiro assalariado aos 12 anos e finalmente tornou-se proprietário de cinco lojas em Glasgow. Ele nunca se esqueceu de sua experiência anterior de privação e, como homem de negócios, iniciou brigadas de engraxates, jornaleiros e entregadores com meninos de rua. Em 1878 fundou um orfanato em uma comunidade de chalés em *Bridge of Weir*, longe das tentações da cidade. Aos sessenta e quatro anos, fundou um hospital para pessoas com tuberculose, o primeiro da Escócia. Como se não bastasse, aos setenta e quatro anos fundou a primeira Colônia para Epilépticos no Reino Unido. Ele demonstra que Deus ainda tem muito a fazer depois da idade normal da aposentadoria.

4

Maria
A serva obediente do Senhor
Lucas 1.26-56; Mateus 1.18-25; 2.9-23

A história de duas gestações

A primeira vez em que as duas gestações aparecem juntas foi quando o anjo Gabriel apareceu a uma jovem garota, virgem, e disse que ela teria um filho. Lucas data esse evento referindo-se à experiência de outra mulher.

> *No sexto mês, o anjo Gabriel foi enviado por Deus a uma cidade da Galileia, chamada Nazaré, a uma virgem que estava comprometida a casar com um homem da casa de Davi, cujo nome era José. A virgem se chamava Maria. E, aproximando-se dela, o anjo disse: – Salve, agraciada! O Senhor está com você. Ela, porém, ao ouvir esta palavra, perturbou-se muito e pôs-se a pensar no que poderia significar esta saudação. Mas o anjo lhe disse: – Não tenha medo, Maria; porque você foi abençoada por Deus. Você ficará grávida e dará à luz um filho, a quem chamará pelo nome de Jesus. Este será grande e será chamado Filho do Altíssimo. Deus, o Senhor, lhe dará o trono de Davi, seu pai. Ele reinará para sempre sobre a casa de Jacó, e o seu reinado não terá fim. Então Maria disse ao anjo: – Como será isto, se eu nunca tive relações com homem algum?* (Lc 1.26-34).

Fica claro, pelo restante da história, que Maria estava perguntando sobre a viabilidade do que o anjo falara, em vista do fato de que era virgem. Foi esse "como" que ele respondeu:

> – O Espírito Santo virá sobre você, e o poder do Altíssimo a envolverá com a sua sombra; por isso, também o ente santo que há de nascer será chamado Filho de Deus. E Isabel, sua parenta, igualmente está grávida, apesar de sua idade avançada, sendo este já o sexto mês de gestação para aquela que diziam ser estéril. Porque para Deus não haverá nada impossível. Então, Maria disse: – Aqui está a serva do Senhor; que aconteça comigo o que você falou. Então o anjo foi embora (Lc 1.35-38).

Foi uma resposta notável da parte de Maria. Na verdade, toda mulher judia esperava ter o privilégio de ser a mãe do Messias. Nenhuma delas, no entanto, sonhava que seria fora das circunstâncias normais da vida familiar. Nenhuma delas certamente imaginou que envolveria a desgraça social de uma jovem mulher ficando grávida fora do casamento. Mesmo assim, Maria, uma vez que ficou convencida de que seria pelo poder de Deus que isso aconteceria, estava pronta para tudo o que isso implicava. Tal submissão total a Deus era incomparável.

Vamos aceitar a data do final de dezembro como o dia do nascimento de Jesus. Há muita discussão sobre esse assunto, mas vamos admitir isso por enquanto. Isso significa que Maria concebera ao final de março, depois que o anjo anunciou o que iria acontecer, digamos, no final de fevereiro. Lucas diz que esse anúncio foi no sexto mês de gravidez de Isabel, ou cerca de três meses antes do nascimento de João Batista, na velhice de Isabel e Zacarias. Isso significa que João nasceu no final de maio ou início de junho. Com esse calendário em mente, vamos tentar imaginar o que aconteceu entre esses momentos.

Lidando com a desgraça

Lembre-se, Maria estava comprometida a se casar com José. Quando você acha que Maria contaria a José sobre sua visão com o anjo e sobre estar

4 — Maria - A serva obediente do Senhor (Lc 1.25-56; Mt 1.18-25; 2.9-23)

grávida? Seria no final de abril, o mais cedo possível, quando ela soube que teria um bebê. Podemos imaginar seu entusiasmo e emoção, por um lado. Mas ela estaria preocupada, até mesmo aterrorizada, sobre como José e os outros reagiriam. Era uma perspectiva terrível. José era uma pessoa muito rigorosa, virtuosa e justa. Por isso ela estava muito feliz por poder estar noiva e se casar com ele. Agora, esses mesmos traços de caráter tornaram quase certo que ele não iria querer ter nada a ver com ela quando soubesse da gravidez.

Pelo relato de Mateus, José não entendeu muito bem. *Mas José, com quem Maria estava para casar, sendo um homem justo e não querendo envergonhá-la em público, resolveu deixá-la sem que ninguém soubesse* (Mt 1.19). Não havia dúvida – ele teria que terminar o noivado com Maria, mas isso seria feito o mais discretamente possível. Podemos imaginar a agonia dos dois nas conversas que tiveram por razões muito diferentes. Eu me pergunto em que José realmente acreditava naquele momento.

Como lidaram com isso? Não há indícios de que Maria tivesse confidenciado a sua mãe. Ela era órfã? Ou, se sua mãe fosse viva, ela automaticamente pensaria como qualquer outra pessoa na severa comunidade judaica. A desculpa da idade foi usada. Maria aprontou-se e se apressou em ir para a região montanhosa da Judeia, em abril. Isso serviu para dois propósitos: descobrir se o anjo estava certo sobre Isabel estar grávida e tirar Maria dos olhares indiscretos em Nazaré quando sua gravidez ficasse aparente. Desculpas foram dadas e ela foi enviada para visitar os parentes, provavelmente acompanhada de alguns amigos confiáveis. Podemos imaginar que essa primeira viagem ao sul, cerca de 130 km a pé, em ritmo de caminhada, tenha acontecido no início de maio, antes que fosse óbvio que ela estava grávida.

Vamos dar uma pausa e perguntar quem sabia, nesse momento, o que estava acontecendo. Eu acho que apenas Maria e José, e talvez seus acompanhantes na viagem, e José não aceitou sua história. Deve ter sido uma viagem infeliz, de três a sete dias, com todo o tempo do mundo para meditar.

Uma recepção inacreditável

Maria chegou bem à casa de Zacarias, que havia ficado mudo, e Isabel, que estava seis meses à sua frente na gravidez. Imagine sua inacreditável surpresa quando

> Entrou na casa de Zacarias e saudou Isabel. Quando Isabel ouviu a saudação de Maria, a criança lhe estremeceu no ventre. Então Isabel ficou cheia do Espírito Santo. E exclamou em alta voz: – Bendita é você entre as mulheres, e bendito o fruto do seu ventre! E que grande honra é para mim receber a visita da mãe do meu Senhor! Pois, logo que me chegou aos ouvidos a voz da saudação que você fez, a criança estremeceu de alegria dentro de mim. Bem-aventurada a que creu, porque serão cumpridas as palavras que lhe foram ditas da parte do Senhor (Lc 1.40-45).

Quando ela ouviu essas palavras, foi inacreditável! Antes de Maria dar qualquer explicação, Isabel sabia! Provavelmente ela foi a quarta pessoa a saber, e a primeira sobre a qual lemos, além da própria Maria, que acreditou no que estava acontecendo. Não é de admirar que Maria tenha entoado sua própria canção. Ela não estava enganada! Havia pelo menos mais uma pessoa que acreditava na sua história, e era Isabel, sua prima, a pessoa que o anjo havia mencionado. Ela mesma estava grávida pela intervenção divina. Ficaria tudo bem! Ela explodiu em um louvor poético a Deus. Seu coração louvou a Deus. Sua alma estava feliz porque Deus, seu Salvador, lembrara-se da sua humilde serva!

De agora em diante, todas as pessoas a chamariam de venturosa, por causa das grandes coisas que o Poderoso Deus havia feito por ela.

Era como se as palavras da canção de Ana, que ela ouvira na infância, agora se tornassem suas próprias palavras (1Sm 2.1-10).

Maria foi carregada por uma alegria desenfreada. Ela seria a mãe do Messias, que viria para corrigir tudo o que estava errado no mundo.

Ele mostraria misericórdia para aqueles que o honrassem.

4 — Maria - A serva obediente do Senhor (Lc 1.25-56; Mt 1.18-25; 2.9-23)

Ele esticaria seu braço poderoso e dispersaria os orgulhosos com todos os seus planos.

Ele derrubaria dos seus tronos reis poderosos, como Herodes, e exaltaria os humildes.

Ele satisfaria o faminto com coisas boas, e mandaria embora o rico com as mãos vazias.

Ele estava prestes a cumprir a promessa que fez a seus antepassados, e viria ajudar seu servo Israel.

Ele se lembraria de demonstrar misericórdia a Abraão e a todos os seus descendentes para sempre! (Lc 1.46-55).

Foi tudo absolutamente maravilhoso. Ainda que fosse apenas uma humilde serva, ela honrou a Deus e ficou maravilhada com o fato de que Deus tinha uma missão para ela.

O tempo de espera

Seguiram-se alguns meses em que ela ficou na acolhedora casa de Zacarias e Isabel. Ela podia falar abertamente sobre tudo o que estava acontecendo e o que isso poderia significar. Isabel também tinha alguém com quem podia falar sem ter que utilizar uma tabuinha o tempo todo. A casa silenciosa começou a encher-se de conversas novamente. Maria ouviu toda a história da visita de Zacarias ao templo e por que ele estava mudo e surdo. Ela estava segura e protegida com apenas uma preocupação: "E José?" Mas Deus estava agindo em Nazaré também.

A agonia de José

José também estava preocupado e com medo. Ele não conseguia parar de pensar em Maria.

> Enquanto ele refletia sobre isso, eis que lhe apareceu em sonho um anjo do Senhor, dizendo: – José, filho de Davi, não tenha medo de receber Maria como sua esposa , porque o que nela foi gerado é do Espírito Santo. Ela dará à luz um filho, e você porá nele o nome de Jesus, porque ele salvará o seu povo dos pecados deles (Mt 1.20s).

Que alívio! Ele tinha seu próprio anjo e a mensagem era a mesma de Maria. Ela estava carregando o Messias, que perdoaria os pecados do povo. Imagino que ele tenha enviado uma mensagem ou ido ele mesmo à Judeia para pedir que ela voltasse. Ela voltou em junho, um pouco antes do nascimento de João.

Como será que foi em Nazaré, quando ela chegou com quatro meses de gravidez? Não sabemos, mas eu acho que não foi nem simples e nem fácil. Era uma sociedade muito rígida. Anos mais tarde, zombaram de Jesus como sendo um "bastardo" (Jo 8.41).

Um recenseamento indesejável

A história recomeça quando é anunciado, pelas autoridades, que o jovem casal deveria ir para o sul, 130 km novamente, a Belém, para registrar-se no recenseamento. Eles receberam essa notícia com uma mistura de emoções. Estavam aliviados por deixar as línguas fofoqueiras, mas preocupados a respeito de onde estariam quando o bebê chegasse, pois certamente seria enquanto eles estivessem fora.

Conhecemos a história. Essas incômodas regras do governo levaram José e Maria a Belém quando o bebê estava para nascer. Não havia parentes para recebê-los e nem quartos em nenhuma das hospedarias. O bebê nasceu em um estábulo, na manjedoura dos animais. Assim, com João tendo seis meses de idade na região montanhosa da Judeia, e outro bebê com alguns dias de idade, em Belém, a história das duas gestações se cumpriu.

4 — Maria - A serva obediente do Senhor (Lc 1.25-56; Mt 1.18-25; 2.9-23)

Confirmação ao longo do caminho

Na solidão do humilde local do nascimento, José e Maria tiveram a confirmação do que estava acontecendo com eles. Alguns pastores vieram e contaram sobre uma visão que tiveram na encosta do morro, de um anjo que lhes falou para ir e ver o bebê que havia nascido para salvar seu povo.

Outra confirmação veio seis dias mais tarde, quando subiram 10 km para apresentar Jesus no templo, em Jerusalém. Eles encontraram um homem, Simeão, e uma mulher, Ana, a quem Deus também havia falado que Jesus era o Messias. A confirmação final veio de astrólogos. Eles chegaram dizendo que a leitura das estrelas os fez chegar à conclusão de que uma criança havia nascido para ser o Rei dos Judeus. Eles fizeram uma viagem de 1.600 km para oferecer presentes ao rei recém-nascido.

Aquele era o final das boas notícias para eles. Problemas se seguiram. Os astrólogos haviam gerado medo no palácio em Jerusalém, e logo soldados foram surgindo em toda parte, procurando a criança para matá-la. José e Maria foram advertidos sobre isso e, antes do massacre das crianças, fugiram como refugiados, viajando 320 km até o Egito. Eles não só tinham todo o estresse de ser estranhos em um país estrangeiro, mas também tinham que ficar em silêncio sobre o motivo de estarem ali. Eles não podiam contar sua história por uma questão de segurança (Mt 2.13).

Não sabemos quanto tempo ficaram no Egito. Dois anos é o tradicionalmente aceito. Quando voltaram, eles consideraram ficar na Judeia, mas foram advertidos em sonho a não fazer isso – novamente por questões de segurança. Então, voltaram para Nazaré (Mt 2.22s).

A mãe pensativa

É difícil acreditar que o que Maria passou, do momento em que viu o anjo até voltarem para Nazaré depois do Egito, aconteceu no final da sua adolescência. Que voto de confiança Deus dá aos jovens. Nunca somos jovens demais para começar a ser obedientes a Deus e para cumprir seu propósito para nós.

Devemos observar, no entanto, que as respostas mais frequentes de Maria foram bem refletidas. Quando o anjo Gabriel apareceu a ela em Nazaré, *ela, porém, ao ouvir esta palavra, perturbou-se muito e pôs-se a pensar no que poderia significar esta saudação* (Lc 1.29). Só depois que teve certeza de "como" se concretizaria a mensagem do anjo, ela aceitou o papel que lhe foi oferecido.

Depois que os pastores voltaram às suas ovelhas, *Maria, porém, guardava todas estas palavras, meditando-as no coração* (Lc 2.19). Depois do incidente no templo, quando Jesus tinha 12 anos, *a mãe dele guardava todas estas coisas no coração* (Lc 2.51). Maria não apressou as coisas. Ela as considerou e, quando estava satisfeita em sua mente, sua resposta foi obediência tanto à voz de Deus quanto aos requisitos da sua Lei. Não surpreende o fato de que as últimas palavras que ouvimos dela foram ditas nas Bodas em Caná da Galileia: *Façam tudo o que ele disser* (Jo 2.5).

5
José
O guardião nomeado por Deus
Mateus 1.18-25; 2.9-23; Lucas 2.1-40

José era um respeitado carpinteiro na cidade de Nazaré, ao final do reinado de Herodes, o Grande. Ele era de uma boa família. Ele tinha uma reputação de ser moralmente rigoroso e sensível com os outros. Ele tinha sangue real em suas veias. Estranhamente, apesar de ser uma peça indispensável no drama divino, não se tem registro de ele ter falado nem uma palavra durante os incidentes nos quais tomou parte. Temos que imaginar sua história a partir das evidências circunstanciais.

Um sonho torna-se pesadelo

Ele esperava fazer um bom casamento com uma jovem mulher, também de sangue real. Seu nome era Maria. Como qualquer rapaz responsável, ele sonhava com tudo o que seriam um para o outro e para a comunidade, quando chegasse a hora de se casarem.

Um dia de primavera, quando seu espírito estava vivo e seu coração, cheio, Maria pediu para conversar com ele sobre um assunto pessoal. Ela disse que estava grávida, mas não era para ele tirar conclusões precipitadas. Tentou dizer que um anjo aparecera a ela dizendo que o poder de Deus seria sobre ela, ficaria grávida e daria à luz um filho, que seria o Filho de Deus. À primeira vista, era uma história ridícula, e sua confiança em Maria foi levada ao limite. Não sabemos o quanto da história de Maria ele ouviu em meio à sua dor. Sabemos apenas que ficou arrasado e soube que não poderia ir adiante com o casamento. Como poderia uma pessoa de princípios, como ele tentava ser, continuar com um compromisso no qual haveria uma criança concebida fora do casamento, e ele não era nem mesmo o pai? Seu sonho de um casamento feliz tornou-se um pesadelo.

Ele ainda se importava com Maria e decidiu que não faria nada precipitado ou para envergonhá-la publicamente. Maria tornou isso um pouco mais fácil sugerindo que iria visitar uma prima, Isabel, e seu marido, o sacerdote Zacarias, a cerca de 130 km ao sul, na região montanhosa da Judeia. Aparentemente, o anjo que aparecera a ela havia mencionado algo sobre a idosa Isabel ter um bebê também. Então, ela se aprontou e seguiu sua viagem com um acompanhante para o sul. Isso levou uma semana ou mais, e ela ficou lá por cerca de três meses.

José ficou com seu sonho destruído e com o problema do que fazer quando ela voltasse evidentemente carregando um bebê. Era um pesadelo até pensar nisso, então tentava esquecer trabalhando na sua bancada de carpinteiro. O lugar ficava vazio sem Maria, e seus pensamentos nunca estavam longe dela. Então José teve um sonho real.

Primeiro sonho

Enquanto ele refletia sobre isso, eis que lhe apareceu em sonho um anjo do Senhor, dizendo: — José, filho de Davi, não tenha medo de receber Maria como esposa, porque o que nela foi gerado é do Espírito Santo. Ela dará à luz um filho e você porá nele o nome de Jesus, porque ele salvará o seu povo dos pecados deles. Ora, tudo isto aconteceu para se cumprir o que tinha sido dito pelo Senhor por meio do profeta: "Eis que a virgem conceberá e dará à luz um filho, e ele será chamado pelo nome de Emanuel". (Emanuel significa: "Deus conosco".) (Mt 1.20-23).

5 — José - O guardião nomeado por Deus (Mt 1.18-25; 2.9-23; Lc 2.1-40)

O anjo de Maria foi agora comparado ao que apareceu a ele em seu próprio sonho. A mensagem era a mesma. Seu coração estava maravilhosamente aliviado. Seu sonho de casamento não havia morrido. Seria mais maravilhoso do que nunca. Eles iriam criar o Messias. Ele seria o guardião do Messias.

Eu imagino que ele tenha fechado a marcenaria e partido para a Judeia para trazer Maria de volta. Quando ela voltou, devia estar com quatro meses de gravidez. José, no entanto, não estava envergonhado, foram em frente e casaram-se. Por respeito a Maria e em consideração à visita angelical, eles decidiram não consumar o casamento até que o bebê nascesse. Antes que isso acontecesse, no entanto, o Estado interferiu. O imperador romano, César Augusto, decretou que haveria um recenseamento de todas as pessoas no Novo Império Romano. Isso serviria para fornecer uma base sobre a qual a administração seria alicerçada e o povo seria tributado. O decreto dizia também que *todos iam alistar-se, cada um à sua própria cidade* (Lc 2.3). Então, eles tiveram que pegar a estrada uma segunda vez e ir para o sul, de Nazaré para a Judeia. Dessa vez, não era para a casa de Zacarias e Isabel, mas para a cidade de Belém, na Judeia, o local de nascimento do Rei Davi. José foi para lá porque era descendente de Davi (v.4).

Não foi uma viagem agradável para Maria, pois estava quase na época do nascimento de seu filho. Quer ambos tenham ido caminhando ou talvez José tenha sido capaz de conseguir um burro para Maria, como a tradição imagina, a estrada era irregular e o clima era frio. Os pensamentos de José estavam cheios de pressentimentos enquanto via sua esposa movendo-se com dificuldade.

Eles chegaram bem e no momento exato. José procurou por acomodação, mas elas já estavam todas ocupadas por outras pessoas que vieram para se registrar no recenseamento. Como último recurso, ele encontrou uma hospedaria que lhes permitiu pernoitar no local onde os animais eram tratados. *Estando eles ali, chegou o tempo de ela ter a criança* (v.6). Com José olhando e agindo como parteira, ... *Maria deu à luz o seu filho primogênito, enfaixou o menino e o deitou numa manjedoura, porque não havia lugar para eles na hospedaria* (v.7). Até aquele ponto havia sido um evento comum, e José estava aliviado por ter acabado tão bem. Eles tiveram a alegria inexprimível de ver seu bebê recém-nascido.

Visitantes na noite

José e Maria tiveram alguma privacidade, estando juntos apenas com os animais e o bebê. Então, na mesma noite, de maneira totalmente inesperada, o local foi visitado por alguns pastores muito animados, contando ao casal uma história notável. Como de costume, eles estavam passando a noite no campo, cuidando dos seus rebanhos. De repente, um anjo do Senhor apareceu e a glória do Senhor brilhou sobre eles. Ficaram aterrorizados, mas o anjo disse-lhes para não terem medo! Disse que estava ali trazendo boas notícias para eles, e não só para eles, mas para todos. Naquele mesmo dia, souberam que seu Salvador havia nascido em Belém, a cidade do rei Davi. Ele era seu Messias e seu Senhor! Como sinal de que isso era verdade, foi lhes dito para irem a Belém, e encontrariam um bebê envolvido em panos, deitado em uma manjedoura. Havia mais sobre um coro de anjos, e eles partiram imediatamente para descobrir se era verdade.

Eles não precisaram perguntar. Ali, em frente aos seus olhos, estavam Maria e José, e o bebê deitado em uma manjedoura. Quando os pastores o viram, contaram ao casal o que o anjo havia dito sobre ele. A esta altura, uma multidão reuniu-se e todos os que ouviam ficavam maravilhados com o que os pastores falavam. Quando os pastores e a multidão foram embora, José percebeu que Maria estava muito quieta sobre tudo aquilo. Ela precisava de um tempo para entender e pensar sobre o que significaria no futuro.

5 — José - O guardião nomeado por Deus (Mt 1.18-25; 2.9-23; Lc 2.1-40)

A cerimônia de para dar o nome

Uma semana depois, como um bom judeu, o bebê foi circuncidado. José e Maria não tiveram dificuldades quanto ao nome. Aos dois foi falado pelo anjo de que deveria ser Jesus, e assim seria, um nome cheio de promessas estranhas que eles não podiam imaginar naquele momento (v.21). Mais ou menos nesse período eles encontraram acomodação em Belém.

Consagração no templo

Pouco mais de um mês depois, José e Maria viajaram os 10 km de Belém até o templo de Jerusalém para a costumeira cerimônia de consagração. Eles levaram Jesus para apresentá-lo ao Senhor no templo, com um sacrifício. Tinham condições de fazer apenas a oferta mínima de dois pombos jovens. Era uma maneira simbólica de reconhecer que Jesus, seu bebê, pertencia a Deus. Eles não sabiam, mas estavam ali para outra grande surpresa.

Naquele tempo, havia um homem idoso chamado Simeão morando em Jerusalém. Ele era um bom homem, temente a Deus. O Espírito Santo estava com ele e havia lhe confirmado que não morreria antes de ver o Messias prometido do Senhor. Guiado pelo Espírito, Simeão entrou no templo. Quando os pais entraram com Jesus, Simeão pegou a criança em seus braços e deu graças a Deus. Então, profetizou que o bebê seria uma luz para todas as pessoas do mundo. José e Maria ficaram maravilhados com isso. Então, ele abençoou os dois, virou-se para Maria e a advertiu de que Jesus seria uma figura muito controversa, e que isso seria doloroso para ela.

A fim de coroar aquele dia no templo para José e Maria, Ana, uma idosa e devota viúva, também reconheceu o bebê e, publicamente, deu graças pela criança e falou dela para todas as pessoas que ela conhecia e que também esperavam pelo cumprimento da promessa de Deus para Jerusalém (Lc 2.22-38).

Segundo sonho

De volta a Belém, o último evento de sua permanência ali provou ser impressionante e preocupante. Uma pequena caravana de homens de aparência importante chegou à sua porta. Eles eram astrólogos, que tinham sido enviados a Belém por Herodes, o Grande. Eles queriam entrar na casa para ver a criança, porque disseram ter visto sua estrela no Leste e creram que ele havia nascido para ser rei. Eles não apenas entraram, trouxeram presentes caros de ouro, incenso e mirra para ele. Ajoelharam-se diante dele e o adoraram. Não ficaram por muito tempo.

Naquela noite, depois que foram embora, José teve um segundo sonho:

> ... *um anjo do Senhor apareceu em sonho a José e disse: – Levante-se, tome o menino e a sua mãe e fuja para o Egito. Fique por lá até que eu avise você; porque Herodes há de procurar o menino para matá-lo. Levantando-se José, tomou de noite o menino e a sua mãe e partiu para o Egito, onde ficou até a morte de Herodes. Isso aconteceu para se cumprir o que tinha sido dito pelo Senhor, por meio do profeta: "Do Egito chamei o meu Filho"* (Mt 2.13-15).

Terceiro sonho

Depois da morte de Herodes, um anjo do Senhor apareceu em sonho a José, no Egito, e lhe disse: – Levante-se, tome o menino e a sua mãe e vá para a terra de Israel, porque os que queriam matar o menino já morreram. Levantando-se José, tomou o menino e a sua mãe e voltou para a terra de Israel (vs.19-21).

Quarto sonho

Porém, ouvindo que Arquelau reinava na Judeia em lugar de seu pai Herodes, teve medo de ir para lá. E, tendo sido avisado por Deus em sonho, José foi para a região da Galileia. E foi morar numa cidade chamada Nazaré... (vs.22s).

5 — José - O guardião nomeado por Deus (Mt 1.18-25; 2.9-23; Lc 2.1-40)

Lá as coisas se estabeleceram e continuaram a vida como o trabalho comum de criar uma família e ganhar a vida com a carpintaria. Tiveram mais filhos, quatro irmãos e, pelo menos, duas irmãs (Mc 6.3). Jesus cresceu e tornou-se forte. Era cheio de sabedoria e a bênção de Deus estava com ele.

O guardião

A tarefa dada e guiada por Deus a José foi de cuidar do menino Jesus e de sua mãe, Maria. Ele forneceu segurança, tornando-se legalmente marido de Maria e pai de Jesus. Protegeu-a da vergonha que, de outra maneira, a teria perseguido por causa das circunstâncias do nascimento de Jesus. Sua genealogia tornou necessário que o casal estivesse em Belém para o recenseamento. Ele ajudou a fazer com que a profecia de Miqueias sobre o nascimento do Messias em Belém se cumprisse.

Quando o perigo ameaçou, Deus usou sonhos para adverti-los sobre Herodes. Sua ação rápida tirou Jesus da mira dos soldados assassinos na hora certa. Esse mesmo dom de sonhos foi usado para trazer a pequena família de volta do Egito e do Norte para Nazaré, na Galileia.

Lá José retomou seu trabalho como carpinteiro, era quem ganhava o pão e era o pai humano do menino que crescia. Sua contribuição para o desenvolvimento físico da encarnação foi indispensável, ainda assim ele nunca disse uma palavra que tenha sido registrada. Ele é um lembrete muito forte do fato de que Deus precisa das pessoas apenas para cuidar delas e para que elas cuidem dos outros, para que o seu trabalho por Deus seja feito.

6

Augusto
A hora certa

Mas, quando chegou a plenitude do tempo, Deus enviou o seu Filho, nascido de mulher, nascido sob a lei... (Gl 4.4). Naqueles dias, foi publicado um decreto de César Augusto, convocando toda a população do Império para recensear-se (Lc 2.1).

Um pacificador

"Aqueles dias" eram metade do reinado de 41 anos de César Augusto, o fundador e primeiro governador do Império Romano. Foram dias extraordinários, dias de paz. Antes de Augusto se tornar o único governador, uma guerra civil havia dividido a República Romana por meio século, e arrastou muitos povos sujeitos a Roma a conflitos mortais.

O último suspiro daquelas lutas foi a guerra entre Otaviano (mais tarde chamado de Augusto), Antônio e Cleópatra, que se estendeu do Egito ao Oriente Médio. Depois que seu exército e sua frota haviam sido derrotados, ambos cometeram suicídio. Antônio caiu sobre sua espada e Cleópatra morreu da mordida de uma víbora levada para o seu quarto dentro de uma cesta de figos, em 27 a.C. Shakespeare imortalizou as cenas no final de sua peça *Antônio e Cleópatra*.

Isso aconteceu cerca de vinte anos antes do nascimento de Jesus. Houve vinte anos de paz. As pessoas estavam cansadas da guerra, e seu novo governante também. Estavam particularmente cansados da guerra civil, na qual irmão lutava contra irmão e amigo contra amigo em uma luta na qual não estava seu coração. Propriedades foram destruídas e raramente podiam plantar e colher sua safra sem abusos.

A paz era o que mais valorizavam de todos os benefícios trazidos a eles por César Augusto. "Todos acharam o doce sabor da paz sedutor", disse Tácito, seu historiador. Augusto construiu frotas, reprimiu a pirataria e tornou o Mar Mediterrâneo seguro para navios mercantes. Ele limitou guerras estrangeiras decidindo não expandir mais o território romano. Estava satisfeito com as fronteiras naturais: o Oceano Atlântico a oeste, os rios Reno e Danúbio ao norte, o Eufrates a leste e, em direção ao sul, o arenoso deserto da Arábia e África. É interessante citar que não há referência no Novo Testamento a guerras ou conflitos naquela época. A *Pax Romana* era real. Entretanto, havia mais.

Um administrador justo

Foi publicado um decreto. César Augusto criou um tipo de Estado inteiramente novo. A história daquele período soa surpreendentemente contemporânea. Ele restaurou o estado de direito e o governo constitucional. A força foi devolvida à lei, autoridade aos tribunais, prestígio ao Senado e o poder dos magistrados foi renovado. Ele estabeleceu uma força policial. A justiça poderia ser obtida. O mecanismo de trazer denúncias a Roma foi muito melhorado, como Paulo pôde descobrir quando um simples apelo a César o levou de Jerusalém a Roma para ser julgado (At 25.11).

Augusto transformou os exércitos de diferentes generais em um exército de carreira profissional. Ele pagava regularmente e bem aos seus soldados, e providenciou para que recebessem uma generosa gratificação quando fossem dispensados. Ele era capaz de desmobilizar trezentos mil soldados veteranos de seu exército e estabelecê-los, cada um em seu próprio pedaço de terra, como agricultores camponeses na Itália e em outras partes do Império. Algumas vezes, ele comprava essas terras com seu próprio dinheiro, quando os fundos do Estado eram insuficientes. Alguns desses veteranos tornaram-se benfeitores de suas comunidades, como o centurião do qual as pessoas de Cafarnaum falavam tão bem (Lc 7.1-10).

O princípio de pagamento do serviço público com dinheiro público foi aceito e parece que todos os funcionários públicos recebiam salários, exceto os magistrados. De fato, era o começo do Serviço Público.

"Que todo o mundo seja tributado." Ele deu início a recenseamentos para criar um sistema razoável e justo de tributos. Queria ter um exato conhecimento dos recursos do Império e tentou igualar o peso da tributação, que era uma questão difícil. Foi um dos seus recenseamentos que levou José e a grávida Maria para Belém, onde Jesus nasceu (Lc 2.1-3).

Augusto fez todo o esforço para assegurar que a riqueza fosse distribuída de maneira justa e, que a receita do Estado fosse recolhida honestamente e gasta de modo que o súdito de Roma considerasse seu governador como uma bênção e não como uma maldição. Mateus e Zaqueu foram, mais tarde, designados para esse sistema.

Ele elaborou declarações financeiras anuais das riquezas do Estado e, na sua morte, deixou uma prestação de contas resumida de todo o Império. Introduziu o pagamento de impostos sobre as propriedades na Itália. Ele cobrava imposto sobre a morte, uma taxa sobre a venda de produtos em leilão e outras taxas sobre a compra e libertação de escravos. Até mesmo reduziu taxas ou as suspendeu quando pôde.

Um incentivo ao desenvolvimento

Ele iniciou medidas para desenvolver a infraestrutura de maneira que parece bastante moderna. Ordenou a seus comandantes que usassem seus soldados para construir estradas e pontes nas áreas às quais estavam designados e pagava a eles como extra. Essas estradas romanas tornaram-se notórias e facilitaram a comunicação através de todo o Império.

Ele exigia que os cidadãos ricos construíssem grandes prédios em Roma e em outras cidades, e ele mesmo deu o exemplo. Diz-se que ele encontrou Roma como a cidade de tijolos e a deixou como a cidade de mármore. Ele pavimentou as ruas de Roma, garantiu o abastecimento de água criando grandes aquedutos e criou sistemas de drenagem. Forneceu casas de banho públicas e restabeleceu fontes que há muito haviam sido negligenciadas pelo governo do Senado antes da guerra civil. De todas essas maneiras, ele deu emprego ao povo.

Ele construiu enormes celeiros e mantinha um suprimento constante de grãos para enchê-los. Comida era distribuída nas ruas. Jogos públicos foram criados para o entretenimento do povo. Ele reduziu a proporção de pobres em Roma em dez por cento, mesmo quando a população estava crescendo.

Também não negligenciou a religião. Ele devolveu estátuas roubadas dos templos, livrou-se de oitenta estátuas dele mesmo e as colocou em tripés de ouro como oferta no templo de Apolo. Ele tornou possível a construção de templos e encorajou as pessoas a honrarem aos deuses.

Durante o reinado de Augusto, sem dúvida, uma nova página foi virada na história da humanidade. Isso, em grande parte, se deve ao fato de que sua administração durou quarenta e um anos. Ele estabeleceu-se vinte anos antes do nascimento de Jesus e continuou governando outros vinte anos enquanto Jesus crescia. Foi o governo mais longo de todos os imperadores romanos. O mandato médio da função pública do imperador pelos 500 anos seguintes foi de somente oito anos. Vinte dos imperadores governaram por apenas um ano ou menos. Augusto conquistou tanto porque permaneceu no poder por muito tempo. Para verificar o quanto a estabilidade de um governo é necessária para consolidar as conquistas, precisamos apenas comparar o progresso e a criatividade que foram desfrutados na Inglaterra durante os quarenta e cinco anos de reinado de Elizabeth I (1558-1603) e os sessenta e quatro anos de reinado sobre o Reino Unido da Rainha Victória (1837-1901).

Um mestre da persuasão

Augusto foi chamado de "O mestre da persuasão" (*BBC Radio*, 4 de maio de 1999). Era mestre em apresentar o que fez, da maneira que ele queria que fosse reconhecido. Ele deixou um documento detalhando as realizações da sua administração. É chamado de *Res Gestae* ou "O que realizei", e ele gravou partes disso em pilares de bronze em um local público. O documento original não existe mais, mas há citações suficientes em outros trabalhos para nos informar seu conteúdo. É verdade que, frequentemente, vemos o brilho de Augusto em suas conquistas, mas isso não diminui os números e a extensão destas.

Ele foi o primeiro a ter moedas com sua imagem gravada em alto relevo, fabricadas em quantidade na Gália e usadas como dinheiro por todo o Império. "– *De quem é esta figura e esta inscrição?*" (Mt 22.20), perguntou Jesus. Era de César. Assim ele alcançou o que hoje poderíamos chamar de alta visibilidade e um nome reconhecido.

Ele deliberadamente mantinha um estilo modesto. Quando retornou vitorioso para Roma, renunciou ao poder em favor do Senado e da Assembleia do povo, e retomou as funções apenas quando eles concordaram que ele as deveria ter. Ele se certificava de que toda ação que tomasse fosse sancionada pelo Senado. Recusava qualquer título que significasse que ele era o Rei ou qualquer tipo de governante único. Ele aceitava "Augusto", que significava reverenciado por boas causas.

Ele apadrinhou as artes. "A era augusta de literatura" foi uma das mais famosas e produtivas da história das Letras. O poeta Virgílio escreveu seu poema épico *Eneida* para contar a história de Roma desde os tempos antigos, culminando em Augusto.

> *Este, este é o que tantas vezes ouviste prometendo-te, Augusto César, filho de um deus, que voltará a estabelecer a era de ouro...*[4]

Virgílio, *Eneida*, VI:791-3.

> *"Agora chegou a última era...*
> *A grande linha dos séculos começa novamente.*
> *Agora, a virgem retorna, o reino de Saturno retorna;*
> *Agora uma nova geração desce dos altos céus.*
> *Somente a ti... sorri no nascimento da criança sob a qual a linhagem de ferro irá cessar,*
> *e uma raça dourada brota em todo o mundo"*[5]

Alguns cristãos, porque o poema fala sobre o nascimento vindouro de uma criança divina, o veem como um prenúncio pagão da vinda de Jesus. Essa visão foi até mesmo oficializada pelo Imperador Constantino, em 330 d.C.

Continuamos lendo as obras de outros nomes famosos da literatura da Era Augusta, como os poetas Horácio e Ovídio, o historiador Tito Lívio e outros. Sem dúvida, todos estes se tornaram parte das Relações Públicas de Augusto e usavam uma linguagem que hoje chamaríamos de utópica. Eles expressaram os desejos e as aspirações que as pessoas sempre tiveram, que pareciam, sob o governo de Augusto, estar se aproximando do cumprimento, como jamais haviam sonhado ser possível.

Essa esperança não era apenas local para Roma ou Itália. Era encontrada em *toda a população do Império*, como as versões mais atuais traduzem (Lc 2.1).

O império mundial

Lucas insinua que o pano de fundo para a manjedoura na qual Jesus nasceu foi a fundação do Império Romano por César Augusto: *Todos iam alistar-se, cada um à sua própria cidade. José também saiu da Galileia, da cidade de Nazaré, e foi para a Judeia, até a cidade de Davi, chamada Belém, por ser ele da casa e família de Davi, a fim de alistar-se com Maria, sua esposa, que estava grávida* (Lc 2.3-5).

---

[5] Virgílio, *Éclogas*, IV:4-10.

O que poderia ter sido um evento local insignificante veio a ser de importância mundial por causa do contexto em que aconteceu. O ventre do qual o Reino universal de Deus nasceria era o maior Império secular que o mundo conhecia até aquele momento.

Um novo conceito

O conceito de "Evangelho" que Jesus e seus seguidores usavam foi enriquecido, se não formado, pela linguagem usada para descrever a diferença que Augusto fez para o mundo naqueles dias. Em 9 a.C., o procônsul da Ásia escreveu uma epígrafe marcando o aniversário de Augusto (23 de setembro), o que nos dá o sentido deste pensamento utópico. Lê-se:

> *É um dia que podemos contar, com justiça, como o início de tudo, pelos benefícios que traz.*
>
> *Restabeleceu a forma de tudo que estava fracassando e transformando-se em infortúnio, e deu um novo visual para o Universo em uma época na qual se esperaria a destruição, se César não tivesse nascido para ser uma bênção para todos os homens. [...]*
>
> *O Provedor que regula toda a nossa vida estabeleceu a mais perfeita consumação da vida humana dando-lhe Augusto, enchendo-o de virtudes para fazer o trabalho de um benfeitor entre os homens, e enviando-o, por assim dizer, como um salvador para nós e para aqueles que vêm depois de nós, para cessar a guerra, criar ordem em todo lugar. [...]*
>
> *O aniversário do deus Augusto foi o começo do mundo de <u>Boas Novas (Evangelho)</u>, que vieram a nós por meio dele.*[6]

Isso ajuda a compreender o pronunciamento dos anjos aos pastores: – Não tenham medo! Estou aqui para lhes trazer boa-nova [Evangelho] de grande alegria, que será para todo o povo [...] "Glória a Deus nas maiores alturas, e paz na terra entre os homens, a quem ele quer bem" (Lc 2.10,14).

---

6   BARKER, E. *From Alexander to Constantine*. (Oxford: Oxford University Press, 1956): 211s.

É significativo que o nascimento de Jesus e a proclamação dos anjos aos pastores tenham acontecido justamente na metade do reinado de Augusto, quando as esperanças de muitos povos estavam em seu máximo. Tibério César assumiu o poder em 14 d.C., e tudo começou a piorar novamente. A situação continuou a se deteriorar por meio de Calígula, Cláudio, Nero e da maioria dos que se seguiram. O ministério público de Jesus, como conta Lucas, começou somente depois que o declínio de Roma começou sob Tibério e seu homem de confiança, Lúcio Sejano (Lc 3.1).

A efígie de Tibério estava na moeda que Jesus olhou quando perguntou: *"– De quem é esta figura e esta inscrição?" Eles responderam: – De César. Então Jesus lhes disse: "– Deem, pois, a César o que é de César e a Deus o que é de Deus"* (Mt 22.20s).

Reinos concorrentes

Por isso, Lucas registrou que o nascimento de Jesus aconteceu naqueles dias em que *foi publicado um decreto de César Augusto, convocando toda a população do Império para recensear-se* (Lc 2.1). É como se o historiador Lucas estivesse dizendo: "Há um caminho alternativo para as pessoas preencherem suas aspirações. Há um líder alternativo para César Augusto. Não importa o quão bom tenha sido ou será, ele só pode ser por um tempo, e seus sucessores serão ineficientes e decepcionarão no final".

Lucas estava afirmando que Deus governa nos assuntos dos homens, datando o nascimento de Jesus e o começo do seu ministério em referência a Augusto e Tibério César. Jesus, o Filho de Deus, é o Senhor da História.

Ele estava pedindo uma oportunidade na história real, simbolizada pela manjedoura, em Belém, e pela Corte de César, em Roma. Muito tempo depois, os líderes judeus disseram a Pilatos, o governador romano, enquanto o persuadiam a executar Jesus: *– Se você soltar este homem, não é amigo de César!* (Jo 19.12).

Hoje, as Boas Novas de Cristo se espalharam por todo o mundo até um ponto nem mesmo concebível quando Jesus nasceu, ainda que tenha sido previsto por ele (Mt 24.14). Deus sabe o trabalho, os nomes e o final de todos os governantes da Terra hoje. Os Evangelhos nos mostram isso para nos encorajar quando o mal e o caos parecem triunfar. A última palavra estará com ele, que nasceu para ser Rei, no reinado de César Augusto.

7
Os pastores
Os montes estavam vivos
Lucas 2.8-20

Os próximos instrumentos para a revelação desse novo evento, o nascimento do Messias, foram alguns pastores naquela parte do país que estavam passando a noite nos campos, cuidando de seu rebanho (Lc 2.8). Sua importância é que eles trouxeram a José e Maria a confirmação de que o filho dela era o Salvador, o Messias e o Filho de Deus. Desde as aparições de anjos para Zacarias, Maria e José, não houve palavra alguma do céu por alguns meses, que tenhamos notícia. Muitas coisas tinham sido difíceis para José e Maria: a hostilidade da sua comunidade, a longa e árdua viagem para o sul, a fim de se registrarem em Belém, seu fracasso em encontrar acomodações decentes e, finalmente, dar à luz um menino em um estábulo, em um lugar que estava cheio de gente, mas nenhum conhecido.

A chegada dos pastores com o relato da aparição dos anjos a eles na noite do nascimento da criança, deve ter sido a única comprovação para José e Maria de tudo o que tinham ouvido e acreditado até aquele momento. Aprendemos um pouco do texto sobre os pastores.

A pobreza da sua posição

Anteriormente na história dos Judeus, os pastores eram o melhor exemplo para descrever o que um bom governante deveria ser. Davi era o pastor rei que falava de Deus como seu Pastor (Sl 23.1). Todos os profetas criticavam os líderes em Israel porque eles negligenciavam e tiravam vantagem do povo, seu rebanho dado por Deus. O Messias seria um Pastor exemplar (Ez 34.1-10).

Mais recentemente, ficamos sabendo, por meio de outras fontes, que os pastores eram pobres e desprezados. "Nenhuma posição no mundo é tão desprezada quanto a dos pastores" (*Midrash*[7] sobre o Salmo 23). Esse desprezo pelos pastores não era apenas econômico, porque eram pobres. Era religioso. Em função do seu trabalho, eles eram frequentemente incapazes de cuidar dos detalhes da lei cerimonial. Não podiam observar todas as meticulosas lavagens de mãos, regras e regulamentos. Seus rebanhos constantemente exigiam muito deles, e judeus legalistas os desprezavam.

A hipocrisia seria pior se esses pastores fossem os mesmos que forneciam as ovelhas e cordeiros para os sacrifícios diários no templo, apenas alguns quilômetros dali. Sabemos que os rebanhos do templo eram pastoreados perto de Belém. Se eles fossem os pastores do templo, deveriam ser especialistas em seu trabalho. Os animais para o sacrifício tinham que ser sem defeito para serem aceitáveis a Deus. Seria irônico se esses pastores, que cuidavam dos cordeiros do templo, fossem os primeiros a ver o Cordeiro de Deus que tira o pecado do mundo.

A pobreza dos pastores está de acordo com o quadro de pobreza no qual Maria trouxe Jesus ao mundo. Seu berço era uma manjedoura. Eles só podiam pagar por um sacrifício simples de duas pombas quando o levaram para consagrá-lo no templo. Até mesmo no seu nascimento, as pessoas por meio das quais a revelação de sua origem divina foi confirmada estavam entre os pobres e desprezados do mundo.

---

[7] No judaísmo, gênero de literatura rabínica contendo as primeiras interpretações e comentários sobre a Torá. (N. de Tradução)

7 — Os pastores - Os montes estavam vivos (Lc 2.8-20)

A celebração na visão deles

Quando um menino judeu nascia, era um momento de grande alegria, no qual amigos, parentes e vizinhos se reuniam. Jesus nasceu em um estábulo em Belém. Maria e José estavam longe de seus amigos e vizinhos, por isso foram excluídos dessa alegria comunitária. No entanto, havia uma celebração de um tipo totalmente inesperado. Aconteceu em vários estágios.

Alguns pastores estavam cumprindo suas tarefas noturnas normais de vigiar suas ovelhas nas montanhas e protegê-las de ladrões e animais. Não era a parte mais fácil do dia deles, especialmente se o clima estivesse frio e úmido. Talvez tivessem uma fogueira para mantê-los aquecidos e evitar os predadores. Eles perceberam uma luz que aumentava inexplicavelmente. Enquanto se tornava mais e mais brilhante, ficaram cientes de que era um anjo do Senhor se aproximando. A luz incandescente era a glória do Senhor, e ela os envolveu. Eles estavam aterrorizados e mostraram isso. Então o anjo disse: – *Não tenham medo! Estou aqui para lhes trazer boa-nova de grande alegria, que será para todo o povo: é que hoje, na cidade de Davi, lhes nasceu o Salvador, que é Cristo, o Senhor* (Lc 2.10s).

Parece que eles não tinham muita certeza disso. Veio inesperadamente e foi uma experiência incomparável para aqueles homens comuns. O anjo continuou: *E isto servirá a vocês de sinal: vocês encontrarão uma criança envolta em faixas e deitada em manjedoura* (v.12). Aconteceria um evento real que iria colaborar essa poderosa experiência que estavam tendo.

Antes que pudessem reagir àquilo, a experiência foi para o segundo estágio. A luz tornou-se ainda mais forte, e um grande exército de anjos celestiais se juntou ao anjo solitário, cantando louvores a Deus. Em um coral retumbante eles cantavam: *"Glória a Deus nas maiores alturas, e paz na terra entre os homens, a quem ele quer bem* (v.14). Não sabemos quantas vezes eles cantaram seu coro, mas, em algum momento eles se afastaram e a noite envolveu novamente os pastores.

O terceiro estágio mostra como eles acharam a experiência impressionante e convincente. Concordaram em ir a Belém para ver o que tinha acontecido que o próprio Senhor havia lhes contado. Temos apensa uma pista de que era uma distância considerável, mas estavam determinados a ir o mais rápido possível, e eles foram.

Parece que, com um pouco de dificuldade, encontraram o lugar. No quarto estágio daquela noite emocionante, encontraram Maria e José e viram o bebê deitado na manjedoura. Como isso confirmava o que o anjo dissera, eles contaram sua experiência para espanto total do jovem casal e de outros que haviam sido atraídos para o local. Esses acontecimentos deram a Maria ainda mais em que pensar e, ao longo do tempo, refletiu profundamente sobre eles. Eles não tinham amigos ou vizinhos para celebrar com eles sua alegria pelo nascimento de Jesus. No entanto, tiveram uma celebração ainda mais maravilhosa, na qual céu e terra se uniram em agradecimento a Deus. Quer ainda fosse noite ou começasse a amanhecer, os pastores voltaram cantando louvores a Deus.

A clareza de sua revelação

Não foram muitas as palavras ditas pelo anjo naquela noite, mas sua importância não pode ser negada: ... *hoje, na cidade de Davi, lhes nasceu o Salvador, que é Cristo, o Senhor* (v.11). Eles disseram três coisas: a criança que havia nascido era seu "Salvador". Eles conheciam aquela palavra. Estava muitas vezes em seus lábios quando oravam e pediam a Deus para tirá-los de alguma dificuldade. Sabiam que, muitas vezes, Deus os havia livrado de perigos e desastres. Essa palavra tinha um novo significado, e a próxima coisa que o anjo disse indicou que ele estava usando-a com esse outro significado.

Esse Salvador que havia nascido era também o Messias. Eles conheciam aquela palavra também. Seu país estava sob o domínio de Roma. Antes disso, estiveram sob o domínio de outros governantes estrangeiros. Não tiveram um verdadeiro rei do seu próprio povo por cerca de 500 anos. Seus profetas haviam dito por quê. Eles haviam se esquecido de seu Deus e transgredido suas leis. Os profetas também lhes disseram que, um dia, Deus "ungiria" outro homem para ser seu Rei, e ele seria como Davi, seu melhor rei. Eles o chamaram de Messias, que significa "a pessoa ungida" em hebraico. Em grego, a palavra é "Cristo". O Messias os salvaria dos seus inimigos (Lc 1.69s). Ele os libertaria dos romanos. Era sua grande esperança. Eles oravam pela vinda do Messias e as mulheres oravam para que fosse seu filho.

A terceira coisa que o anjo falou aos pastores foi que ele seria seu "Senhor". Isso era confuso porque essa palavra também tinha dois significados possíveis. Era assim que o imperador romano era chamado. O Messias seria um governante alternativo. Isso fazia sentido se ele fosse salvá-los dos romanos. O outro significado era ainda mais estranho. Para os judeus o nome de Deus era tão santo que eles achavam que não deviam nem mesmo pronunciá-lo. Então, criaram outra palavra que pudessem dizer. Era traduzido para o grego como "Senhor". Com esse significado, os anjos diziam que o Messias era divino. Isso era uma surpresa.

Foram apenas poucas palavras, e elas eram relativamente simples para homens sem instrução. Mas seu significado era enorme. Elas precisavam ser averiguadas. O anjo havia reconhecido isso e disse como eles poderiam provar. Se fossem para Belém, encontrariam um bebê nascido naquele dia. Ele não estaria em uma casa normal. Estaria deitado em uma manjedoura entre o gado. Eles foram sem demora para encontrar o lugar e foi exatamente como o anjo havia dito. Tiveram sua prova, e Maria e José tiveram confirmação das revelações anteriores.

A espontaneidade da resposta

Sem nada milagroso, há sempre o que Deus faz e o que deixa para as pessoas fazerem. Deus enviou o anjo e deu aos pastores a experiência incomparável de uma aparição angelical. Eles tomaram uma atitude a partir do que o anjo disse e foram procurar a criança. Queriam saber. Colocaram isso à prova e descobriram que era verdade. Sem restrições, contaram sua experiência ao jovem casal e a alguns outros que haviam se reunido no local. Depois voltaram para suas vidas monótonas como pastores, mas com uma canção em seus corações e um manancial em seus passos.

Em todo este livro podemos perceber a dura simplicidade do nascimento do Filho de Deus. Talvez esperássemos que, se Jesus tivesse que nascer neste mundo, seria em um palácio ou uma mansão. Havia um monarca europeu que preocupava sua corte desaparecendo frequentemente e caminhando secretamente entre seu povo. Quando pediram que não fizesse mais aquilo por questões de segurança, ele respondeu: "Não posso governar meu povo a menos que saiba como eles vivem". Esta é a grande verdade da fé cristã: temos um Deus que sabe como vivemos porque ele também a viveu e não reclamou vantagens especiais sobre as pessoas comuns.

Lucas provavelmente ouviu de Maria a história dos pastores e a escreveu para nós. Há algumas lições nela. Deus fala de maneira simples para pessoas simples, e elas conseguem entender o que ele diz, verificar por si mesmas e ter toda sua perspectiva transformada. Quando Deus fala, há um lado coletivo nisso. Tem importância não só para o indivíduo que recebe, mas para os outros com os quais ele tem contato. Deus não fala assim todos os dias. Há momentos especiais, mas a maioria das vezes ocorre em momentos rotineiros e comuns. Quando Deus fala conosco, devemos estar prontos para compartilhar com os outros.

8
Simeão
Pronto para morrer
Lucas 2.22-35

Um autêntico judeu

Estamos de volta ao templo de Herodes. Jesus teve um início de vida muito judaico. Ele foi circuncidado no tempo certo, no seu oitavo dia de vida. Foi-lhe dado um nome muito judeu: Jesus (= *Joshua* = Salvador). Esse foi o primeiro uso público do nome dado pelo anjo a cada um deles individualmente (Lc 2.21). Trinta e dois dias depois, José e a jovem Maria fizeram a viagem de cerca de 10 km para Jerusalém e para o templo para obedecer aos ritos com seu filho primogênito. Isso significava apresentá-lo ao sacerdote no templo com a oferta de um cordeiro e uma pomba, ou duas pombas, se fosse tudo o que a família pudesse pagar. José e a jovem Maria eram tão pobres que puderam pagar somente por duas pombas (Lv 12.6-8). A cerimônia salientava o fato de que a criança pertencia a Deus e estava sendo devolvida a ele em confiança. Foi um evento inspirador para eles no imponente templo de Herodes no topo do Monte do Templo. De repente, um ancião apareceu e pediu para pegar a criança em seus braços.

Morte postergada

Este era *um homem chamado Simeão* (Lc 2.25). Ele morava em Jerusalém e era um homem bom e temente a Deus. Era uma das pessoas que esperavam com expectativa pelo Messias que viria para salvar Israel. Mas Simeão era diferente. Era um homem guiado pelo Espírito Santo, e este lhe havia dito que não morreria antes que tivesse visto o Messias. Todos nós gostaríamos de saber como o Espírito lhe revelou isso, e houve especulações a esse respeito.

Uma lenda diz que ele estava trabalhando na tradução do Antigo Testamento para o grego. Um dia era sua vez de traduzir um trecho do profeta Isaías do hebraico para o grego. Tudo correu bem nos seis primeiros capítulos. Mas, quando chegou ao sétimo capítulo, e ao versículo: *... a virgem conceberá e dará à luz um filho e lhe chamará Emanuel* (Is 7.14), Simeão jogou sua caneta de lado diante daquela profecia impossível e não escreveria mais. "Como pode ser?" – perguntou ele. E, apesar dos argumentos dos outros, Simeão não assinaria seu nome na passagem da "virgem", que parecia satisfazer e agradar o restante. Com raiva, ele jogou a caneta de lado e foi para sua casa.

Mas, à meia-noite, um anjo apareceu a ele e disse: "Simeão, sou Gabriel, venho da presença de Deus. E eis que você continuará vivo até que veja com seus próprios olhos o Cristo do SENHOR, nascido de uma mulher, e até que o filho da virgem coloque sua pequena mão no seu peito envelhecido, só então perderá o fio de prata da sua vida". E assim aconteceu.

Esta é somente uma lenda, mas alguma coisa aconteceu, talvez apenas uma crescente convicção que o impedia de morrer até que visse o Messias. Pastores frequentemente veem essa tendência em pessoas com doenças terminais, que lutam contra a morte até que algo seja tratado e, então, morrem tranquilamente.

Uma oração visionária

No caso do velho Simeão, guiado pelo Espírito, ele entrou no templo. Quando os pais trouxeram o menino Jesus para dedicá-lo a Deus, pegou a criança em seus braços e deu graças a Deus porque ele cumpriu sua promessa. Orou para morrer tranquilamente. Ele estava feliz porque, com seus próprios olhos, viu no bebê que tinha nos braços, a salvação de Deus.

Depois, sua oração tomou um novo rumo. Ele disse que a salvação da qual estava falando havia sido preparada na presença de todos os povos. O que começou como uma autêntica cerimônia judaica estava ultrapassando fronteiras e envolvendo todas as nações. Simeão estava mergulhando fundo em suas lembranças dos Salmos e do profeta Isaías e descobrindo o que dificilmente algum dos seus contemporâneos haviam notado. Essa salvação não era só para os judeus. Era para ser, como profetizara Isaías, uma luz para revelar a vontade de Deus aos gentios, os não judeus geralmente desprezados e olhados de cima pelos judeus (Is 42.6). É claro que também traria glória ao povo de Israel, mas parte dessa glória seria o alcance universal dessa salvação.

Esta é uma nota que ainda não havia sido atingida nas canções da idosa Isabel e da jovem Maria, ou nas profecias de Zacarias, quando seus ouvidos foram abertos e seus lábios não estavam mais cerrados. O menino Jesus, que Simeão segurava em seus braços, seria o Salvador do mundo, não apenas dos judeus! Não admira que José e Maria tenham ficado maravilhados pelas coisas que ouviram sobre seu filho (Lc 2.25-33).

O que Simeão quis dizer quando falou sobre ver a salvação de Deus? Salvação nos seus dias, como nos nossos, tinha tantos significados quanto pessoas que pensavam nela. Tinha um sentido bastante político para aqueles que sofriam sob o jugo opressor romano e ansiavam pela libertação do seu país. Tinha um sentido muito pessoal para aqueles que estavam lutando contra circunstâncias financeiras ou familiares, com as quais não estavam conseguindo lidar. Poderia ter um sentido bastante espiritual ou religioso para pessoas que estavam sentindo uma grande culpa por seu pecado e fracasso.

Não sabemos o que Simeão quis dizer, apenas que ele estava muito agradecido por isso. Seja o que for que ele quis dizer, sabemos o que a salvação significaria se nós mesmos usássemos essa palavra. A maravilha do Evangelho cristão é que, quando perguntamos o que devemos fazer para ser salvos, ele abrange muitas dessas coisas, e mais, quem quer que sejamos e por quanto tempo tenhamos esperado.

A salvação disponível universalmente era a revelação que Simeão enfatizou e trouxe à atenção de José, de Maria e dos expectadores que assistiram e ouviram-no falar. Contudo, havia mais.

O lado negativo

Devolvendo a criança a Maria e José, Simeão também os abençoou. Depois de ter feito isso, fez um novo comentário sobre o Messias ali presente como uma criança. Continuou em tons proféticos mais sombrios, especialmente a Maria. Ele lhe disse que a criança estava destinada *tanto para ruína como para elevação de muitos em Israel...* (Lc 2.34s). É um cenário, encontrado em vários lugares da Bíblia, de uma pedra que poderia ser um trampolim, a partir do qual as pessoas poderiam avançar, ou uma pedra de tropeço na qual as pessoas tropeçariam e cairiam. Dependeria da sua reação a ele. Continua sendo assim. Precisamos perguntar se o filho de Maria tem sido uma pedra de tropeço para nós ou um meio de subirmos às alturas como não havíamos sonhado.

Jesus sempre apresentava um desafio àqueles que o viam ou ouviam. Ele receberia críticas hostis e seria até mesmo caluniado. No entanto, mesmo quando isso acontecesse, revelaria mais sobre seus críticos do que sobre ele mesmo. Há uma história sobre uma galeria de arte na Itália. Dois jovens observavam e criticavam algumas das pinturas. Tentavam envolver o curador na sua discussão, mas ele respondeu: "Esses quadros são os juízes dos seus observadores e não o contrário". As pessoas revelariam seus pensamentos secretos quando se ocupassem em falar contra ele.

Essas não eram boas notícias para Maria, e Simeão sabia disso. Com grande ternura, disse a ela: *Quanto a você, Maria, uma espada traspassará a sua alma* (v.35). E pela primeira, mas não pela última vez na história da Natividade, uma nuvem lançou sua sombra sobre a jovem família. No final, o próprio Jesus ainda estava tentando explicar a seus discípulos que o Filho do Homem deveria sofrer, e aqueles que o seguem não poderiam evitar sua própria cruz (Lc 24.26). Experiências não são uma opção extra para o seguidor de Jesus, elas são a vida. A cruz nunca está longe.

Nunc dimittis

Essas duas palavras são as primeiras na tradução latina dos sentimentos de Simeão quando pegou a criança em seus braços. Elas foram transformadas em música em centenas de versões, e a canção de Simeão tem sido cantada em igrejas católicas, ortodoxas e anglicanas ao redor do mundo todos os domingos, desde o quarto século pelo menos. Tenho me perguntado frequentemente o que as pessoas pensam ou sentem enquanto cantam essas palavras. Elas apenas se lembram do que aconteceu com Simeão no templo, tempos atrás? Ou isso vem de um tempo incerto no passado quando a probabilidade de morte por doença, violência, desastres naturais ou outra causa, era uma possibilidade maior do que hoje? É uma versão litúrgica harmoniosa da oração noturna da criança:

> *Essa noite quando for me deitar,*
> *Eu peço ao Senhor para minha alma guardar.*
> *Se eu morrer antes de acordar,*
> *Peço, por amor a Jesus, ao céu me levar.*

Certamente, se entendermos completamente o que Simeão estava dizendo no templo, e se a salvação sobre a qual ele falou for real em nossa experiência, ela tira de nós o aguilhão e o terror da morte, assim como aconteceu com ele.

A morte tornou-se quase um assunto tabu hoje. Estamos vivendo mais tempo e a morte não está tão perto. Tenho encontrado pessoas que, aos quarenta anos, participam pela primeira vez de um funeral. Temos a tendência de higienizar a morte, relegando-a ao hospital ou ao necrotério. O Juramento de Hipócrates parece conduzir os médicos a prolongar a vida por um tempo excessivo, como se a morte fosse a pior coisa que poderia acontecer a alguém. Com suprema ironia, o capital político é feito da morte, e cenas de funerais invadem as telas das nossas TVs com grande regularidade, seja do nordeste da Irlanda, do Oriente Médio ou depois de um crime notório.

Simeão não tinha essa visão. Ele queria viver até que acontecesse alguma coisa que fosse importante não só para ele, mas para o mundo. A morte não era um terror para ele e não precisa ser para nós. Na verdade, para o cristão, a morte é a melhor coisa que lhe acontecerá. É um portão de entrada para uma vida plena além da sepultura.

Um tradutor da Bíblia, no Congo, ilustrou isso. Ele estava conversando com um congolês, cujo sogro havia morrido. De acordo com os costumes africanos, o período de luto por um parente próximo pode durar uma semana ou mais. Os parentes reúnem-se para lamentar e para velar o corpo. Caso contrário, o morto não seria honrado apropriadamente. Essa expressão de tristeza serve para satisfazer o espírito do falecido e para assegurar os sentimentos carinhosos dos que ficaram para trás. O relacionamento entre vivos e mortos é uma preocupação constante da maioria dos africanos. A morte, em si, não é tão temida quanto o são os espíritos dos mortos, que eles acreditam exercerem uma influência para o bem ou para o mal na vida. O intuito da veneração do ancestral é assegurar que tal influência seja boa. O homem cujo sogro morreu retornou ao trabalho apenas dois dias depois do funeral. O tradutor perguntou a ele por que não estava participando das atividades fúnebres. "Nós não praticamos muitos atos fúnebres em nossa família" – ele respondeu. "Algumas pessoas ficam muito tempo lamentando, e as mulheres mostram tristeza sentando seminuas ao lado do corpo. Isso continua por dias, mas eu não acho que isso tudo seja necessário". O tradutor perguntou:

"Por que não?" *"Beto zaba lufwa"* – ele respondeu com convicção. "NÓS SABEMOS O QUE É A MORTE."

Sendo cristão, a morte não era mais desconhecida. Sabia que a morte não tinha mais poder sobre ele. Acreditava na vitória de Cristo sobre ela. Ele poderia dizer como Paulo: *"Onde está, ó morte, o seu aguilhão?* (1Co 15.55). Simeão é um dos que estavam à frente em se tratando dessa garantia.

9
Ana
A que nunca desistiu
Lucas 2.36-38

Ainda estamos no templo de Herodes, em Jerusalém. Depois da bênção de Simeão e dos avisos para o menino Jesus, uma senhora muita idosa entrou no recinto sagrado. Seu nome era Ana. Sua linhagem era bem conhecida. Ela era filha do profeta Fanuel, da tribo de Aser. Moisés havia feito uma profecia sobre a tribo de Aser, que muitos tomaram para si: *... e que a sua paz dure como os seus dias* (Dt 33.25). Ana era uma demonstração viva de que a vitalidade espiritual pode ser mantida até o final, por mais velha que uma pessoa possa ser. Ela era o oposto daquele sobre o qual dizemos: "Ele morreu aos 25 anos e foi enterrado aos 65".

Uma viúva

Foram muitos os dias de Ana. Ela tinha 84 anos – uma garota de 15 anos quando Herodes, o Grande, nasceu. Estava com 52 anos antes de Herodes tornar-se o rei da Judeia. Ela se casou, mas ficou viúva depois de sete anos de vida com seu marido. A viuvez é um dos fatores para o qual Lucas chama a atenção nas mulheres descritas em seu Evangelho.

Não há indícios de que ela e seu falecido marido tivessem tido filhos. Ela viveu dezenas de anos como uma viúva solitária, mas sem fazer de sua vida um permanente lamento pelo seu marido perdido. Ela viveu com um grande senso de propósito até o final. Era bem conhecida no templo e ao redor dele, e ia até lá mesmo quando este ainda era um canteiro de obras, pois estava sendo reconstruído por Herodes.

Uma intercessora

Ela nunca deixou o templo. Dia e noite, adorava ao Senhor, jejuando e orando (Lc 2.36-38). A oração era uma das características de Ana. Ela nos ensina a nunca subestimar as orações dos idosos.

Claus Reinhardt é um veterano cristão alemão, que, depois da Segunda Guerra Mundial, serviu em uma missão na Romênia nos seus tempos comunistas. Recentemente, ele contou sua própria história assim:

> Em sua aparência externa, meu coração está doente, mas, espiritualmente, ele está jovem e saudável! Esse período de tempo tornou-me uma das pessoas mais felizes. Às vezes fisicamente, no meu fim, e ainda assim feliz com minha maravilhosa esposa e filhos, na verdade, queria me aposentar. Mas o Senhor Jesus, meu Senhor, decidiu de outro modo. Inesperadamente, recebi uma nova tarefa. Até aquele momento, eu não queria aceitar o fato de que estava ficando velho, e eu raramente percebia outros idosos. Eu simplesmente os desconsiderava, assim como a minha idade. E então Jesus me deu uma atribuição orientada para a minha própria idade. Agora tenho que cuidar de idosos na Romênia! Juntos temos que experimentar, com Jesus, as bênçãos desta idade!
>
> O que me fascina sobre a velhice? É ver com outros olhos, sentir com seus corações e trabalhar com outras mãos! E é com as mãos que meus problemas e possibilidades começam, pois eu perdi minha mão direita durante a guerra, quando eu tinha 17 anos. Minha mão esquerda teve que fazer tudo uma vida inteira, e hoje ela é capaz de, carinhosamente, tocar outras mãos cansadas, deformadas, debilitadas e calejadas. Ela repousa sobre os ombros de pessoas mais velhas, dando-lhes coragem e um entusiasmo para a vida, e isso aquece mãos frias e desgastadas. Isso pode até mesmo tocar uma gaita e colocar um sorriso verdadeiro

em um rosto de olhos marejados e vermelhos de pessoas da minha própria idade.

A velhice também nos deixa mais próximos de Jesus na oração. Os desafios da idade cuidam do resto. Quantas vezes pecados perdoados há muito tempo aparecem novamente, e quantas vezes preciso dizer a mim mesmo e a outros idosos que nossos pecados foram pagos, de uma vez por todas!"

Eu conheci Duncan Campbell, o homem que aparentemente foi o instrumento usado por Deus no avivamento na Ilha de Lewis, na costa oeste da Escócia, no final dos anos 1940. Ele, no entanto, atribuiu aquele trabalho memorável de Deus a duas idosas senhoras que, por anos, oraram pela salvação da sua ilha natal. A mensagem de Ana é que todos os que prestam serviços que ficam fora de vista, são conhecidos e reconhecidos por Deus.

Uma profetisa

Há sete mulheres chamadas de profetisas na Bíblia e quatro que só são conhecidas como filhas de Filipe, o evangelista (At 21.9). Cinco das chamadas profetisas têm um dom genuíno e duas são falsas profetisas. Ana foi uma verdadeira profetisa, e a primeira no Novo Testamento. Ela é ainda mais notável se nos lembrarmos de que séculos se passaram sem profetas em Israel, e ela ainda estava mais de trinta anos antes da época em que a profecia de Joel foi cumprida no Pentecostes. Então, o dom da profecia foi concedido às filhas como também aos filhos de Deus (At 2.18).

Seria interessante saber quando ela recebeu o chamado para ser uma profetisa ou quando ela descobriu que tinha esse dom. Será que foi antes ou depois de tornar-se viúva? Tudo o que sabemos sobre a sociedade judaica nos faz pensar que foi depois que ela ficou viúva. Nesse caso, descobriu um dom que não sabia que tinha até que seu marido morreu. Ela graduou-se de um casamento triste para um segundo ministério.

Com as pessoas vivendo muito mais nos dias de hoje, os sociólogos estão falando sobre termos uma segunda idade adulta. As sete idades do homem, de Shakespeare, não cobrem as faixas de idades hoje. Agora existem:

Os experimentais vinte,

Os turbulentos trinta,

Os florescentes quarenta,

Os ardentes cinquenta,

Os serenos sessenta,

Os sábios setenta,

Os desinibidos oitenta,

Os nobres noventa e

Os comemorativos centenários!

Alguns começaram trabalhos ou atividades que sempre quiseram fazer, mas nunca tiveram tempo. Alguns, por causa de doença, invalidez ou perda de alguém, tiveram que fazer um inventário de seus bens e traçar um novo curso. Ficaram até felizes por ter tido alguma doença, pois caso contrário, nunca teriam saído de uma vida sobrecarregada de atividades, mas insatisfatória.

Não precisa ser assim. Uma vida mais longa pode ser um chamado para um novo discipulado na segunda parte da sua vida. Se for trabalhado física, mental e espiritualmente, com firme determinação, pode adiar indefinidamente qualquer temida segunda infância. Jesus pode realçar outro aspecto de quem você é, como Ana, cuja contribuição a outros foi obviamente muito valorizada.

Não temos registro das profecias de Ana, mas está claro que ela tinha uma reputação por causa do seu dom. Quando ela falava, as pessoas prestavam atenção. Ao mesmo tempo em que Simeão abençoava o menino Jesus, sua mãe e seu pai, Ana chegou e imediatamente percebeu o que estava acontecendo. Ela também tinha passado sua vida esperando pacientemente pelo Messias, que viria para livrar Israel e sua cidade santa, Jerusalém. Seu instinto profético levou-a à mesma conclusão que Simeão. Esta criança era o Messias.

Uma testemunha

Ana também agradeceu a Deus e falou sobre o menino a todos os seus amigos, que estavam esperando que Deus libertasse Jerusalém. Não sabemos o que ela disse, mas falou sobre a criança para todos. Para José e Maria essa era mais uma confirmação das coisas que tinham sido progressivamente reveladas a eles no último ano.

Ana é como a avó em uma história real. Na manhã em que a família ouviu a notícia da morte da avó, a mãe contou aos dois filhos mais velhos antes de saírem para a escola. Eles choraram um pouco e foram confortados, e tinham ido embora conversando sensatamente sobre como seria a vida sem a vovó. Porém, o mais novo, um menino de quatro anos, ficou confuso, veio e sentou-se no colo da mãe para que ela lhe explicasse aquilo.

Quando ele finalmente entendeu, esfregou seus olhos molhados com um lenço encharcado e sorriu, atingido por uma maravilhosa ideia. "Legal! Vai ser ótimo para Jesus!"

Não há discriminação de idade na Natividade. Os velhos tomam seu lugar e desempenham seu papel com os jovens, todos envolvidos juntos nos propósitos de Deus.

10

Os homens que estudavam as estrelas e suas descobertas
Mateus 2.1-12

José, Maria e a criança finalmente conseguiram garantir acomodação em uma casa em Belém, e voltaram para lá depois de apresentar Jesus no templo, em Jerusalém. Que série de acontecimentos inesperados! O aparecimento de Gabriel a Zacarias e Maria; Zacarias ficando mudo e recuperando a fala quando disse o nome "João"; o sonho angelical que dissipou os medos de José; a providência do recenseamento que os levou a Belém; a visita dos pastores na própria noite do nascimento com mais confirmação de que Deus estava em tudo isso; o reconhecimento e a profecia de Simeão e Ana no templo. Todo esse acúmulo de evidências circunstanciais deu a eles muito em que pensar de volta à casa em que estavam, em Belém. Eles deviam estar pensando que estava na hora de retornarem a Nazaré. Não era para ser – ainda não! *Tendo Jesus nascido em Belém da Judeia, em dias do rei Herodes, eis que vieram uns magos do Oriente a Jerusalém* (Mt 2.1).

Uma delegação impressionante

Eles eram "magos". Há tanta especulação sobre esses senhores e suas estrelas quanto sobre qualquer outra parte da história da Natividade. Não há base para supor que os magos eram três (como aparentemente foi primeiro sugerido por Leão, o grande, em 450 a.C.), e nem que teriam sido reis. A primeira tradição parece ter surgido por causa do número dos seus presentes; a segunda, de entender que eles eram o cumprimento da profecia: *As nações se encaminham para a sua luz, ó Jerusalém, e os reis são atraídos para o resplendor do seu amanhecer* (Is 60.3).

Os magos vieram do Leste, da direção da Pérsia, onde houve séculos de estudos das estrelas e de suas trajetórias. Vemos alguma coisa acerca deles no livro de Daniel, no qual, na Babilônia, eram mantidos como conselheiros do rei (Dn 5.7). Eles estudavam e registravam o que tinham observado sobre os movimentos das estrelas, como nossos astrônomos fazem hoje. Também especulavam sobre o significado dos movimentos planetários para a vida humana, como nossos astrólogos fazem hoje. Eles haviam acabado de observar um fenômeno astronômico que os levou a crer que uma pessoa havia nascido para ser Rei dos Judeus. Sua percepção da importância disso os levou decidir fazer a longa viagem a Jerusalém e levar suas homenagens ao novo personagem real.

Sabemos, por meio dos historiadores romanos e judeus, Tácito, Suetônio e Flávio Josefo, que havia, naquela época, uma crescente convicção por todo o Oriente, vinda de antigas profecias, que depois de um longo tempo, um poderoso monarca surgiria na Judeia e obteria domínio sobre o mundo. As condições estavam tão caóticas, que parecia que qualquer chance disso precisaria vir de fora de sua liderança atual. "O orvalho da bênção não cai sobre nós, e nossas frutas não têm sabor", exclamou Simeão Rabban, o filho de Gamaliel. Outro descreveu a época como: "estéril com a embriaguez do crime". Naquele contexto, não é surpresa que os magos chegaram a Jerusalém, a capital da Judeia, procurando pela criança que sua observação das estrelas os levou a acreditar já havia nascido.

10 — Os homens que estudavam as estrelas e suas descobertas (Mt 2.1-12)

Fenômeno incomum

Houve muitas tentativas de testar e descobrir o que era essa "estrela". Uma que havia estado por lá por 400 anos ou mais, vale a pena olhar, para nos ajudar a imaginar o que poderia ter acontecido. Eu a descreverei em termos leigos. Houve uma conjunção extraordinária de dois planetas do nosso sistema pouco antes do nascimento de Jesus, que um olho comum consideraria como sendo uma estrela de um brilho extraordinário.

No final de maio do ano 7 a.C., houve uma conjunção de Júpiter e Saturno na constelação de Peixes, uma parte do céu vista pela ciência astrológica como uma na qual os sinais indicam os maiores e mais nobres eventos. Em outubro do mesmo ano, outra conjunção dos mesmos planetas aconteceu em Peixes. Em dezembro, uma terceira conjunção desses planetas aconteceu.

É possível que os magos tenham observado a primeira dessas conjunções no Oriente, em maio. Se eles começaram sua jornada ali, teriam chegado a Jerusalém em cerca de cinco meses (cf. Ed 7.9), a tempo da segunda conjunção. Se partiram de Jerusalém para Belém à noite, como é sugerido, a conjunção de dezembro, a 15 graus de Peixes, estaria a frente deles na direção de Belém.

Algo assim aconteceu àqueles homens. Não podemos ser mais precisos. Nenhuma parte do texto sobre a estrela sugere que tenha acontecido um milagre. Foi algo no céu noturno que formou um padrão, que suas experiências anteriores fizeram com que concluíssem que significava um nascimento real na Judeia. Isso foi corroborado o suficiente para que sentissem que deveriam tirar a melhor parte do ano para ir em caravana a Jerusalém e voltar.

Uma pergunta estranha

Em Jerusalém, perguntaram: – *Onde está o recém-nascido Rei dos judeus? Porque vimos a sua estrela no Oriente e viemos para adorá-lo* (Mt 2.2). Infelizmente, eles chegaram quando a sucessão para o trono em Jerusalém havia se tornado uma questão na qual alguns partidos tinham um grande interesse e

Herodes, o Monarca reinante, estava mostrando cada vez mais sinais de ter uma doença terminal. É suficiente dizer aqui que, cinco dias antes da morte de Herodes, seu filho Antípatro foi assassinado e ele mudou seu testamento pela enésima vez. Assim, a sucessão do rei dos Judeus era um assunto polêmico, no qual havia praticamente uma polícia de Estado governada por um rei excêntrico.

Não nos surpreendemos, então, em aprender que: *Ao ouvir isso, o rei Herodes ficou alarmado, e, com ele, toda a Jerusalém* (v.3). Ele ficou alarmado porque isso questionava a sucessão do seu trono. O povo ficou alarmado, com medo que isso pudesse provocar mais comportamentos violentos em outros de seus assuntos desfavoráveis. O rei, no entanto, permaneceu exteriormente muito calmo e decidiu tomar parte nisso e não apenas deixar que terminasse ali.

> *Então Herodes convocou todos os principais sacerdotes e escribas do povo e lhes perguntou onde o Cristo deveria nascer. Eles responderam: – Em Belém da Judeia, porque assim está escrito por meio do profeta: "E você, Belém, terra de Judá, de modo nenhum é a menor entre as principais de Judá; porque de você sairá o Guia que apascentará o meu povo, Israel"* (vs.4-6).

É interessante que ele tenha conseguido uma resposta tão clara tão rapidamente. Aparentemente, as expectativas messiânicas dos judeus não estavam longe das suas mentes, então, essa não era uma pergunta difícil para os especialistas. Herodes tinha a resposta para a pergunta dos visitantes.

Um encontro clandestino

Ele não iria, no entanto, divulgar essa informação aberta ou amplamente. Como homem calculista que era, havia uma peça faltando que ele precisava colocar no lugar. Herodes chamou os visitantes do Oriente para um encontro secreto e descobriu deles a hora exata em que a estrela havia aparecido. Isso lhe deu a idade aproximada da criança, caso tivesse nascido no momento da primeira aparição da estrela. Se o que aconteceu foi algo parecido com o fenômeno que descrevi acima, a criança poderia estar com cerca de seis meses de idade quando chegaram a Jerusalém. Quando ele obteve essa informação, *enviando-os a Belém, disse-lhes: – Vão e busquem informações precisas a respeito do menino; e, quando o tiverem encontrado, avisem-me, para eu também ir adorá-lo* (v.8). Era uma história improvável, e os visitantes não se deixaram iludir por ela. Eles estavam entre as mentes mais perspicazes daquela época. Perceberam que Herodes tinha segundas intenções, não pretendendo adorar, mas matar esse possível rival ao trono.

Alegria indescritível

Enquanto sua caravana partia para o sul, em direção a Belém, a conjunção aconteceu novamente e eles puderam ver a estrela mais brilhante do que nunca. Ela foi à frente deles até que parou sobre o lugar onde a criança estava. Quando viram isso, como ficaram felizes, que alegria foi a deles! (v.10). A linguagem foi incontida. Foi o momento dos momentos em suas vidas, e eles nem eram judeus. Seus anos de estudo os levaram a essa experiência sem precedentes e não havia palavras para descrevê-la.

Uma resposta apropriada

Eles entraram na casa e, quando viram a criança com sua mãe, Maria, ajoelharam-se e a adoraram. Esse comportamento era usado somente para um deus ou uma pessoa divina como um rei, que era considerado um deus, como era comum na Ásia. Não sabemos o que contribuiu para sua conclusão de que aquele bebezinho, em um lar comum, devesse receber tal honra a ponto de se prostrarem em adoração. Eles eram gentios e sabiam pelos judeus da Diáspora, em sua própria terra, que os judeus eram monoteístas. Eles adoravam aquele que, eles diziam, era o único Deus, e não podia ser representado por nenhum tipo de ídolo.

Claramente, de alguma maneira não explicada a nós, Deus não deixou a si mesmo sem uma testemunha na mente desses homens, e a jornada para encontrar Jesus foi o clímax na sua procura. Foi a ligação entre as estrelas em suas trajetórias no céu, a interpretação que eles deram ao fenômeno, a orientação explícita das fontes de Herodes e seu encontro com o bebê e a mãe que se combinaram para levá-los a uma extrema alegria e ao impulso de se curvarem para adorar a criança nascida para ser Rei.

Em que tipo de casa eles encontraram a pequena família? Qual o tamanho dela? Todos se ajoelharam ao mesmo tempo ou se revezaram? Não sabemos, mas tenho a impressão de que eles eram homens altos. Depois da adoração, veio a entrega dos presentes incomuns. ... *e, abrindo os seus tesouros, entregaram-lhe suas ofertas: ouro, incenso e mirra* (v.11). Eram presentes verdadeiramente apropriados para um rei. Eles tinham vindo preparados. Isso mostra o quão profundamente estavam convencidos de que sua jornada os levaria à pessoa que estavam procurando.

A criatividade dos primeiros cristãos via em cada presente um significado especial: mirra para a natureza humana; ouro para um rei; incenso para uma divindade; ou ouro para a descendência de Sem, mirra para a descendência de Cam e incenso para a descendência de Jafé. Isso é somente produto da imaginação de pessoas mencionadas apenas por causa da sua influência legendária na poesia e na arte cristãs.

Um desvio por segurança

Qualquer suspeita que eles tivessem sobre a intenção de Herodes foi confirmada quando Deus os advertiu em sonho para não voltarem para o palácio, mas retornarem por outro caminho (v.12). Sua necessidade de mudar de rota é o primeiro indício de que a assustadora profecia de Simeão não fora ignorada (Lc 2.34). Antes que a criança tivesse alguns meses de vida havia aqueles que queriam se livrar dela.

Dessa maneira, essas pessoas ilustres misteriosas desapareceram da história. Deixaram para trás muita coisa em que pensar. São importantes porque trouxeram outra confirmação para a história da encarnação, vinda de pessoas que não poderiam ser acusadas de qualquer parcialidade. Gentios, por quem judeus rigorosos só tinham desprezo, foram chamados a testemunhar esse evento e interpretar a pessoa que havia nascido como alguém digno de adoração e de presentes de raro valor.

Nossa reação

Eles nos fazem questionar como deveria ser a nossa reação a essa pessoa, Jesus, que veio com tantas evidências de sua origem e seu propósito. Eles sentiram que era exigida a resposta da adoração e curvaram-se diante dele. Nós precisamos fazer o mesmo.

11

Herodes
O massacre dos inocentes: um estudo sobre violência
Mateus 2.16-18

Por meio da história dos magos, somos apresentados à atmosfera emocional em Jerusalém ao final do reinado de Herodes, o Grande. Quando os homens do Oriente chegaram e fizeram sua pergunta, *o rei Herodes ficou alarmado, e, com ele, toda a Jerusalém* (Mt 2.3), mas não pelo mesmo motivo. Herodes estava alarmado porque temia outro candidato à sucessão de seu trono. O povo estava alarmado por medo que o imprevisível Herodes pudesse desencadear uma nova onda de massacres para combater qualquer desenvolvimento desse tipo. Herodes era um homem transformado nos últimos dez anos de seu reinado. Ele nos fornece um estudo de caso sobre violência.

No início, Herodes podia ser magnânimo, corajoso e, às vezes, heroico. Ele era autoconfiante e forte. Enfrentou desafios quase impossíveis e os superou. Era claramente estratégico, decisivo e realizou projetos ambiciosos com talento. Então ele começou a temer qualquer um ou qualquer coisa que o levasse a perder o controle. Vemos sinais de sua crueldade quando ele chegou ao poder e, imediatamente, executou 45 dos 72 membros do Sinédrio ou Conselho Judeu. Hoje o chamaríamos de maníaco por controle.

A manipulação deu errado

Um prelúdio para a violência é frequentemente uma manipulação que deu errado. Sua queda total, no entanto, veio ligada à família que ele criou. Ele fez o que pensou serem casamentos políticos estratégicos, mas eles apenas alargaram o campo daqueles que conspiravam contra ele. Ele casou-se com dez esposas. Com cinco delas teve quinze filhos. Os filhos, suas mães e outros parentes conspiravam para assegurar a sucessão para seu próprio ramo da família. Isso ameaçou sair do controle. Herodes tornou-se cruel e desconfiado. Ninguém estava seguro. O palácio estava cheio de conspirações e intrigas, e Herodes executou várias de suas esposas, três de seus filhos e muitos parentes. Ele ficou doente, e a vida no palácio, em seus últimos dias, era muito desagradável. Ele tinha alucinações e Josefo descreve várias de suas enfermidades com muitos detalhes.

Não ajudou o fato de que ele dependia da confirmação de Augusto para o seu sucessor. Como ele era designado por Roma, e não um rei por direito, o imperador Augusto tinha um veto para qualquer vontade que ele expressava, determinando sua sucessão. Isso levou a um verdadeiro circo de propostas e contrapropostas envolvendo viagens a Roma e julgamentos em outros lugares, nos quais Augusto pediu a alguns de seus oficiais para que investigassem e julgassem. Mesmo seu grande amigo Augusto, quando teve que arbitrar em uma questão envolvendo os filhos de Herodes, fez o cruel trocadilho: "Eu preferiria ser um porco de Herodes a ser seu filho!" (Em grego, há somente uma letra diferente entre "filho" - "*buios*" e "porco" - "*buos*").

Facilmente agitado

Não nos surpreendemos que, ao ficar sabendo por meio dos magos que as estrelas lhes haviam dito que outro havia nascido para ser o Rei dos Judeus, ele *ficou alarmado, e, com ele, toda a Jerusalém*. Outro requerente ao trono de um rei doente e quase louco era a última coisa que eles precisavam. Isso

11 — O massacre dos inocentes: um estudo sobre violência (Mt 2.16-18)

nos alerta para a instabilidade emocional como um precursor da violência. Apesar de ser um grande homem, ele não administrou bem suas emoções.

Mas ele era inteligente. Sabia sobre as profecias a respeito de um Messias que estava por vir. Ele não era tolo. Na verdade, no início ele achava que ele próprio era o Messias. Então, sabia aonde ir para conseguir informações e cooperação. Foi às autoridades que ele mesmo havia nomeado e manipulado ao longo dos anos e que estavam sob seu controle. Se fosse realmente algum Messias, Herodes iria lidar com isso antes que fosse mais longe. Ele não hesitou em colocar-se acima do que seria a vontade de Deus.

Muito desconfiado

Então Herodes convocou todos os principais sacerdotes e escribas do povo e lhes perguntou onde o Cristo deveria nascer (Mt 2.4). Eles responderam que seria em Belém. Seu próximo passo foi ter um encontro secreto com os visitantes. Isso nos revela o tipo de estado totalitário que ele dirigia. Informantes estavam por toda parte. As pessoas eram proibidas de se reunir, a não ser que a reunião fosse solicitada pelas autoridades. Quando os visitantes do Oriente não voltaram, perguntou por eles e lhe foi dito que voltaram por outro caminho. Ele imediatamente supôs que se tratava de uma conspiração. Eles deliberadamente o enganaram. Herodes tinha uma rapidez histérica para suspeitar do pior. Você pode ver as engrenagens girando em sua mente desconfiada, remoendo em direção a conclusões falsas, às quais uma natureza desconfiada frequentemente chega.

Irritado

O texto diz que ele *ficou muito furioso* (v.16). Shakespeare faz Hamlet dizer que os atores que exageram na paixão em suas falas superam Herodes. Precisamos olhar mais adiante no Evangelho de Mateus para descobrir o caminho em que Herodes estava.

Mais tarde, Jesus disse: "– *Vocês ouviram o que foi dito aos antigos: 'Não mate'. E ainda: 'Quem matar estará sujeito a julgamento'. Eu, porém, lhes digo que todo aquele que se irar contra o seu irmão estará sujeito a julgamento...*" (5.21s). A raiz da violência é a raiva. Herodes estava em um caminho perigoso. Isso levou ao que agora chamamos de Massacre dos Inocentes: *... mandou matar todos os meninos de Belém e de todos os seus arredores, de dois anos para baixo, conforme as informações que havia recebido dos magos...* (2.16).

Há algum tempo, nossa sociedade tem alimentado a ideia de que a raiva é boa e nos ajuda se dermos vazão a ela. Muitas das evidências psicológicas mostram que expressar a raiva a reforça e contribui para a deterioração do caráter. Não podemos supor que o que costumamos chamar de raiva justa é o que estamos demonstrando. Raramente é. O Novo Testamento diz: *Cada um esteja pronto para ouvir, mas seja tardio para falar e tardio para ficar irado. Porque a ira humana não produz a justiça de Deus* (Tg 1.19s).

A raiva muitas vezes transforma nossos problemas nos de outra pessoa e então alimenta uma fornalha de culpa que explode em violência. É um erro ter nosso próprio problema e descontar em outra pessoa. Na verdade, somos uma sociedade cada vez mais violenta porque temos muita raiva não resolvida. Se nenhuma atenção for dada à diminuição da raiva, não haverá diminuição da violência.

Analogias

Como Herodes, um homem com tantos dons e conquistas tão sólidas, chegou a esse final infeliz? Mateus não fala nada a respeito. Em vez disso, ele nos remete a duas passagens do Antigo Testamento e sugere que as histórias eram do mesmo tipo.

A primeira é do profeta Oseias 11.1: *Do Egito chamei o meu filho* (Mt 2.15). Essa é uma referência de quando Deus tirou o povo de Israel da escravidão no Egito e através do Mar Vermelho para a liberdade e para a terra

11 — O massacre dos inocentes: um estudo sobre violência (Mt 2.16-18)

prometida. A pessoa que está no foco é o cruel déspota, o Faraó. Mateus está insinuado que esse tipo de coisa já havia acontecido antes, e se você quiser explicações, vai tê-las observando o Faraó. A verdade essencial sobre o Faraó é que ele, cada vez mais, endureceu seu coração. Apesar das repetidas oportunidades de mudar e fazer o que Deus estava pedindo por meio de Moisés, ele endureceu seu coração seguiu em frente para sua destruição.

Era uma analogia perfeita para Herodes, e não foi um falso conforto para os leitores de Mateus. Estava dizendo que não era a primeira vez que esse tipo de coisa acontecia ou que esse tipo de monstro estava solto no mundo. Ainda assim, os propósitos de Deus não foram frustrados pelo Faraó e também não seriam frustrados agora por Herodes. Essa é uma evidência clara de que vivemos em um mundo no qual o mal é abundante, mas não prevalece no final.

A outra analogia é tirada de Jeremias 31.15:

> *Assim diz o* SENHOR: *"Ouviu-se um clamor em Ramá, pranto e grande lamento; era Raquel chorando por seus filhos e inconsolável por causa deles, porque já não existem".*

Isso se refere ao tempo em que Nabucodonosor veio e levou o povo de Judá cativo para a Babilônia. O profeta Jeremias imagina Raquel, a esposa mais amada de Jacó, o pai do povo de Israel, lamentando a tragédia que está acontecendo aos seus descendentes enquanto são levados para o exílio na Babilônia. Ainda assim, Jeremias escreve essa tragédia como algo que está prestes a ser revertido. O próximo versículo diz: *Assim diz o* SENHOR: *"Reprima a sua voz de choro e enxugue as lágrimas de seus olhos, porque o seu trabalho será recompensado", diz o* SENHOR; *"pois os seus filhos voltarão da terra do inimigo"* (Jr 31.16). Novamente está dizendo que esse tipo de coisa já aconteceu antes, mas o futuro está com Deus, e o Messias será seu instrumento.

Exemplos modernos

Mesmo em nossos dias, há exemplos de tamanha crueldade. Hitler, na Alemanha; Stalin, na antiga União Soviética; Pol Pot, no Camboja; Milosevic, na antiga Iugoslávia e Saddam Hussein, no Iraque, são exemplos do século 20. Cristãos estavam entre os que morreram. A trama da história para o povo de Deus é, muitas vezes, como a de Herodes, mas qual é a última palavra? É "Herodes morreu" e o que aconteceu depois disso (Mt 2.19). O Messias viveu, e, apesar de ainda ter que tomar cuidado com os sucessores de Herodes e finalmente ser crucificado por eles, sua vida estava segura nas mãos de Deus. Ele ressuscitou e viverá para sempre.

A trama da Cruz está na história do nascimento de Jesus. Mesmo sutil, a essência da ressurreição está também na preservação de Jesus. Essa é uma mensagem de esperança para todos nós que sofremos nas mãos de pessoas cruéis e sem princípios.

12

Mateus
O relato do cobrador de impostos

Dois personagens contribuem significativamente para o nosso quadro do nascimento de Jesus. São os escritores dos Evangelhos: Mateus e Lucas. Recebemos o que eles escreveram como parte do processo de revelação do início das Boas Novas. Há algumas características da história que são melhor abordadas observando esses escritores, e vamos começar por Mateus.

Um escritor com um propósito claro

Somos confrontados, no início do Novo Testamento, com o que, à primeira vista para olhos ocidentais, não passa de uma monótona lista dos nomes que compõem a genealogia de Jesus. Em um exame mais aprofundado, esses parágrafos cheios de nomes, têm sua própria mensagem, que dá cor à história.

Eles são uma ponte da história do Antigo Testamento até a vinda do Messias. Mateus o chama literalmente de: *Livro da genealogia de Jesus Cristo, filho de Davi, filho de Abraão* (Mt 1.1). Ele apresenta a genealogia de Jesus em três blocos de 14 gerações, desde Abraão até Davi; de Davi até o exílio na Babilônia; e 14 do exílio até o nascimento de Jesus, o Messias. Com esse instrumento ele está insinuando que a era que está prestes a descrever é a quarta parte de todo o propósito de Deus para o mundo. Mateus usa essas pinceladas largas e ousadas para sinalizar seu propósito ao escrever. Ele pretende convencer os leitores judeus de que Jesus é o Messias que levará sua história ao clímax.

Ele menciona Abraão porque foi o primeiro a receber a promessa de Deus de que, nele, seriam *benditas todas as famílias da terra* (Gn 12.1-3). Menciona Davi porque era incomparável. Ele é o único Davi na Bíblia. Foi seu maior rei, cerca de mil anos antes. Depois de seu tempo, os governantes se deterioraram e o povo desejava cada vez mais ter outro rei como Davi. Eles era encorajados nessa esperança porque Deus havia prometido a Davi que, quando ele morresse e fosse enterrado com seus ancestrais: *a sua casa e o seu reino serão firmados para sempre diante de mim; o seu trono será estabelecido para sempre"* (2Sm 7.16).

A dinastia de Davi terminou em Jerusalém com o rei Jeconias, como declara Mateus (Mt 1.11). Mesmo assim, nos séculos de ocupação estrangeira que se seguiram, quase todos os profetas mantiveram viva a esperança de que um descendente de Davi ainda viria e os libertaria dos seus inimigos. A cada Natal, lemos um exemplo do que quase todos os profetas predisseram:

> *Ele estenderá o seu governo, e haverá paz sem fim sobre o trono de Davi e sobre o seu reino, para o estabelecer e para o firmar com juízo e com justiça, desde agora e para sempre. O zelo do* Senhor *dos Exércitos fará isto* (Is 9.7).

Esse libertador esperado veio para ser chamado de Messias, que significa uma pessoa que é "ungida" como Rei. Mateus várias vezes chama nossa atenção para Jesus como o Rei prometido sobre o Reino de Deus.

Um escritor profundamente sensível

Ele nos dá uma série de nomes, cada um marcando uma geração. Alguns deles, como Davi, eram reis cujo nome reconhecemos. Outros são desconhecidos. Os nomes mais surpreendentes da lista, no entanto, são os de quatro mulheres. É raro para mulheres serem lembradas em genealogias formais. Não há mulher alguma mencionada na genealogia de Jesus registrada em Lucas 3.23-38. Na genealogia de Mateus, entretanto, temos quatro mulheres que poderiam ter sido excluídas por judeus legalistas.

Tamar era a nora de Judá (v.3). Ela era uma estrangeira, pertencente ao povo cananeu, os primeiros habitantes da terra prometida a Abraão. Depois de ter sido maltratada por sua família, ela seduziu seu sogro, vestindo-se como prostituta e deitando-se para esperá-lo à beira da estrada. Tamar deu à luz gêmeos. Perez, o mais velho dos dois, é o nome que aparece na lista (Gn 38).

Raabe (v.5) também era estrangeira e prostituta quando entrou na história. Como retribuição pela ajuda que ela deu aos espias e ao exército de Israel na conquista da cidade de Jericó, ela foi recebida em Israel e casou-se com Salmon, tornando-se a tataravó do rei Davi (Js 2.1-24).

Rute (v.5) era uma moabita que se casou com seu primeiro marido quando seus sogros israelitas se mudaram para Moabe para escapar de uma grande fome em Israel. Seu sogro e seu marido morreram, e ela e Noemi, sua sogra, ficaram viúvas. Notícias de uma boa colheita atraíram Noemi de volta para sua terra e, com grande lealdade, Rute foi com ela. Rute ajudou na colheita e ganhou atenção e reconhecimento de Boaz, um parente de Noemi, por seu trabalho. Sua sogra ficou satisfeita em saber disso porque havia esperança de que, como parente, ele pudesse se casar com a jovem viúva. Ela aconselhou Rute na noite das festividades da colheita a agir de modo que pudesse comprometer Boaz. Era um plano ousado, mas funcionou e Boaz casou-se com ela. Assim, Rute tornou-se esposa do bisavô de Davi (Rt 4.18-22).

A esposa de Urias é a quarta mulher na lista (v.6). Ela era Bate-Seba e sua história é bem conhecida. Davi cometeu adultério com ela e planejou matar seu marido, Urias, para acobertar o caso. Então, casou-se com ela, e ela se tornou a mãe de Salomão, que sucedeu a Davi no trono. O que estava por trás dessa genealogia singular que incluiu mulheres normalmente evitadas pelos outros?

O sentido de história

Apenas Mateus nos conta sobre os magos que vieram do Oriente à procura de alguém que havia nascido Rei dos Judeus. O último rei dos Judeus havia sido Jeoaquim, 600 anos antes (2Rs 24.8). O profeta Ezequiel havia declarado que não haveria sucessor *"enquanto não vier aquele a quem ela pertence por direito"* (Ez 21.26-27). Por 600 anos, a história dos judeus havia sido o exílio na Babilônia, seguido pelo retorno para sua terra natal, que ainda era uma Província da Pérsia. Ao longo dos séculos foram conquistados e governados por diferentes poderes estrangeiros.

Ironicamente, quando Jesus nasceu havia um "rei dos Judeus". Ele era Herodes, o Grande. Ele não era nem mesmo um judeu. Era um idumeu. Por esquemas inteligentes ele persuadiu o Senado Romano a torná-lo "rei dos Judeus" em 37 a.C. Foi escoltado do prédio do Senado, em Roma, com Marco Antônio de um lado e Otávio César do outro, este seria, mais tarde, seria o primeiro Imperador de Roma. Herodes tentou de todas as maneiras manter seu trono. A história que Mateus conta, sobre o massacre de todas as crianças de menos de dois anos de idade, era apenas uma de suas últimas tentativas de se livrar de um possível rival para que ele mesmo determinasse quem o sucederia.

Mateus sutilmente transmite o quão falsas eram as reivindicações de Herodes, registrando a opinião dos astrólogos do Oriente de que alguém havia nascido para ser o Rei dos Judeus, mesmo que ele estivesse tentando desesperadamente assegurar seu trono. À medida que a história é revelada, fica claro que a proteção do céu está sobre o Rei recém-nascido.

Profecia cumprida

Nos dois primeiros capítulos de Mateus, em que ele fala sobre o nascimento de Jesus, ele registra quatro vezes que os eventos eram o cumprimento de profecias passadas. Primeiro foi sobre o nascimento virginal: *Ora, tudo isto aconteceu para se cumprir o que tinha sido dito pelo Senhor por meio do profeta: "Eis que a virgem conceberá e dará à luz um filho, e ele será chamado pelo nome de Emanuel". (Emanuel significa "Deus conosco")* (Mt 1.22s).

Depois, o local do nascimento de Cristo foi um cumprimento da profecia: *Então Herodes convocou todos os principais sacerdotes e escribas do povo e lhes perguntou onde o Cristo deveria nascer. Eles responderam: – Em Belém da Judeia, porque assim está escrito por meio do profeta: "E você, Belém, terra de Judá, de modo nenhum é a menor entre as principais de Judá; porque de você virá o Guia que apascentará o meu povo, Israel"* (Mt 2.4-6).

Então foi a fuga de José com Maria e o bebê para o Egito: *Isso aconteceu para se cumprir o que tinha sido dito pelo Senhor, por meio do profeta: "Do Egito chamei o meu Filho"* (Mt 2.15).

Depois do assassinato das crianças, Mateus diz: *Então se cumpriu o que tinha sido dito por meio do profeta Jeremias: "Ouviu-se um clamor em Ramá, pranto e grande lamento; era Raquel chorando por seus filhos e inconsolável porque eles já não existem"* (Mt 2.17-18).

Finalmente, o retorno de José e Maria para Nazaré tem essa nota adicional: *E foi morar numa cidade chamada Nazaré, para se cumprir o que havia sido dito por meio dos profetas: "Ele será chamado Nazareno"* (Mt 2.23).

Mateus inclui esses três eventos, que são encontrados apenas em seu Evangelho, porque eles mostram como Jesus foi visto cumprindo as profecias do Antigo Testamento. Ele conta as histórias e nos dá a referência. Mateus se esforça para apresentar Jesus como o cumprimento das promessas de Deus no Antigo Testamento. Muitas vezes, em seu Evangelho, ele mostra como os eventos foram o cumprimento de profecias.

No entanto, isso não era apenas patriotismo judeu. A relevância universal do Evangelho continua brilhando. Começa com a história dos magos que vieram do Oriente gentio ou pagão, para ver, reconhecer e adorar Jesus. É quando nos lembramos da própria história de Mateus que percebemos porque ele quis incluir esses itens que são tão característicos dele. A resposta está no tipo de pessoa que ele era e no tipo de experiências que teve.

Um cobrador de impostos impopular

Mateus estava entre aqueles judeus traidores, que haviam comprado uma franquia que lhes permitia coletar impostos para os romanos, seus senhores da colônia. O que eles coletavam era muito mais do que o montante pago aos oficiais romanos. O povo os desprezava por colaborarem com seus opressores. Também se ressentiam pela ganância e extorsão que praticavam sobre ricos e pobres. Esses "cobradores de impostos" eram evitados pela maioria dos judeus. Ninguém queria relacionar-se com eles, então eles procuravam outras pessoas que eram também excluídas socialmente por diferentes razões. Eram vistos como "cobradores de impostos e pecadores", da mesma maneira que as prostitutas, formando assim a categoria dos "pecadores".

Mateus morava em Cafarnaum, a mesma cidade na qual Jesus fez sua base. Jesus pode até ter pago seus impostos para ele. Um dia, repentinamente, convidou Mateus para segui-lo como um de seus discípulos. Aquilo foi uma surpresa para todos, inclusive para Mateus, mas ele não hesitou. Ele largou seu emprego como cobrador de impostos imediatamente, mas, antes de sair, deu uma grande festa na sua casa para Jesus e seus discípulos. Entre os convidados estavam muitos outros cobradores de impostos e prostitutas. Jesus foi amargamente criticado por ter algo a ver com pessoas como Mateus e, especialmente, por ir à sua festa. Os líderes religiosos perguntaram a seus discípulos: – *Por que o Mestre de vocês come com os publicanos e pecadores?* (Mt 9.11) Jesus deu sua famosa resposta: "*– Os sãos não precisam de médico, e sim os doentes. Vão e aprendam o que significa: "Quero misericórdia, e não* *sacrifício". Pois não vim chamar justos, e sim pecadores"* (v.12s). Não muito tempo depois disso, Mateus tornou-se o número sete ou oito na lista dos doze apóstolos (Mt 10.3s).

Uma mudança de carreira

Não nos surpreenderíamos se Mateus tivesse sido o escolhido para cuidar do dinheiro para Jesus e seus discípulos por suas habilidades financeiras. Essa função, no entanto, foi dada a Judas. Em vez disso, Mateus, ao que parece, tornou-se a pessoa que registrava os acontecimentos, e acabou reunindo suas anotações para escrever o Evangelho que leva seu nome.

Mateus era judeu, mas não tinha sido um bom judeu. Ele havia dado as costas ao seu povo trabalhando para os romanos. Ele desrespeitou a Lei de Deus pela companhia que mantinha e pelo estilo de vida que adotou. Provavelmente ele se ressentia das atitudes hipócritas dos líderes judeus e do povo, que se recusavam a ter alguma coisa a ver com ele. Quando tornou-se um discípulo de Jesus, viu como os judeus entendiam mal e maltratavam Jesus, ele queria conquistá-los. Ele compensou o tempo perdido e realmente trabalhou duro para entender como o povo judeu pensava. Foi para eles que escreveu seu Evangelho. Como qualquer bom escritor, a pessoa que ele era, as experiências que teve e as pessoas para as quais escreveu, controlaram seu material e sua apresentação.

Ele começou com a genealogia porque estava escrevendo para os judeus de maneira que eles pudessem apreciar. Incluiu os exemplos de profecias cumpridas pela mesma razão. Citou as quatro mulheres estrangeiras por duas razões.

Mateus estava prestes a descrever as circunstâncias do nascimento de Jesus. Ele relata que Maria havia sido colocada em uma situação comprometedora porque descobriu que teria um filho pelo Espírito Santo antes que pudesse se casar com José, de quem estava noiva (Mt 1.18). Esse autor sensível gentilmente relembra seus leitores de que esta não era a primeira vez que aqueles a quem Deus escolheu e usou enfrentaram circunstâncias similares no passado. É interessante considerar como Mateus teve a ideia de incluir essas mulheres em sua genealogia. Foi sua própria ideia? Ele a pegou ouvindo outros judeus pregarem sobre o assunto? Ou ouviu de Maria, a Mãe de Jesus, como partes do Antigo Testamento que lhe deram coragem e confiança quando as coisas estavam difíceis de suportar em Nazaré?

Mateus também lembrou como Jesus havia se recusado a excluir suas amigas mulheres de sua antiga vida, as prostitutas ou "pecadoras", como eram chamadas. Assim, ele estruturou sua genealogia para expressar a mesma verdade. Com que gratidão Mateus deve ter registrado as palavras do anjo a José: *Ela dará à luz um filho e você porá nele o nome de Jesus, porque ele salvará o seu povo dos pecados deles* (Mt 1.21). Significava todo o seu povo e todos os seus pecados, e Mateus estava feliz.

13
Lucas
O pesquisador

Há ainda mais material exclusivo sobre o nascimento de Jesus no Evangelho de Lucas. Quando nos lembramos do que sabemos sobre Lucas, novamente encontramos seu estilo característico no material utilizado.

O médico sensível

Paulo nos diz que Lucas era um médico, *o médico amado* (Cl 4.14), ainda que não haja registro de ele tratar ou curar alguém em algum lugar. Não é que não houvesse pessoas doentes ao redor. Ele escreve sobre Paulo e outros curando pessoas, mas parece que ele mesmo nunca entrou em ação. Ele deve ter sido um médico muito reservado. Somos levados a supor que seu único paciente tenha sido o próprio Paulo, que tinha um recorrente problema de saúde bastante grave (2Co 12.7-9; Gl 4.13s). Até mesmo aqui, vemos o quanto ele respeitava a confidencialidade dos pacientes, no fato de que não sabemos nem por ele, nem pelo próprio Paulo, a natureza de sua doença.

Quem melhor do que um médico para entrar nos detalhes do pré-natal e pós-natal de um surpreso casal de idosos e de um jovem casal envergonhado, que teriam filhos inesperados? Lucas reflete o interesse de Deus em pessoas mais velhas, bem como nos jovens. Zacarias e Isabel, Simeão e Ana, teriam sido bons candidatos para um Clube de Idosos hoje.

Lucas deixa claro que as mulheres eram tão importantes quanto os homens nos propósitos de Deus. Ele tem um lugar, em sua visão de mundo, para os pobres e os pastores um tanto desprezados na Palavra de Deus para o mundo. Não hesitou em mencionar o fato de que o jovem casal só poderia pagar a oferta dos pobres, dois pombinhos, quando dedicou Jesus no templo (Lc 2.24). A sensibilidade do médico é vista também no interesse que mostra no relato do crescimento da criança (Lc 1.80; 2.41-51).

O grau em que Lucas sentiu o significado de tudo o que aconteceu em torno do nascimento de Jesus é visto nas descrições das reações emocionais do casal sem filhos chegando finalmente a ter uma criança em idade avançada. Sentimos a emoção nos pastores, primeiro sendo atemorizados pelos anjos e depois com sua alegria irreprimível acerca da mensagem dada a eles. O *médico amado* pode também ser encontrado na atmosfera carregada que cercou Simeão, Ana, José e Maria, quando os velhos santos perceberam que o Messias estava na frente deles no templo.

O escritor cuidadoso

Ao que parece, Lucas mudou sua carreira da medicina para a documentação, como sua tarefa principal. Ele escreveu o Evangelho de Lucas e Atos dos Apóstolos, a maior parte do Novo Testamento. Nessa profissão adotada de historiador, ele continuava sendo uma pessoa muito reservada. Se dependesse dele, nós talvez nem soubéssemos seu nome. Foi deixado para outros colocarem seu nome no seu Evangelho. A única nota sobre si mesmo em Atos é a sutil mudança da terceira para a primeira pessoa do plural em algumas ocasiões. Essas são as famosas passagens "nós", em Atos, que indicam que o autor estava presente.

13 — Lucas - O pesquisador

Lucas apresenta a si mesmo como o pesquisador que queria dar aos seus leitores um relato completo, ordenado e objetivo das coisas que aconteceram na vinda de Jesus ao mundo. Ele começa:

> *Visto que muitos já empreenderam uma narração coordenada dos fatos que entre nós se realizaram, conforme nos transmitiram os que desde o princípio foram deles testemunhas oculares e ministros da palavra, igualmente a mim pareceu bem, depois de cuidadosa investigação de tudo desde a sua origem, dar-lhe por escrito, excelentíssimo Teófilo, uma exposição em ordem, para que você tenha plena certeza das verdades em que foi instruído* (Lc 1.1-4).

Está claro que ele encontrou lacunas nos documentos disponíveis que poderiam confundir ou privar seu público-alvo. Esse público é representado por uma pessoa chamada Teófilo, a quem ele se dirige com o respeito concedido também aos altos oficiais Romanos (At 23.26; 26.25). Lucas queria que seu relato fosse completo, verdadeiro e ordenado para leitores inteligentes. Ele estava pronto para trabalhar duro para fazer isso.

Sabemos que ele se encontrou com pelo menos um dos outros escritores dos Evangelhos. Lucas estava acompanhando Paulo, em Roma, quando Marcos também estava lá (Cl 4.10-14). Dificilmente podemos duvidar de que houve alguma discussão entre eles sobre as abordagens ao escreverem sobre a vida de Cristo.

Ambos valorizaram evidências de testemunhas oculares enquanto trabalhavam nos seus assuntos. O resultado foi que Lucas apresentou cerca de 40 por cento de material que não está nos outros três Evangelhos. O primeiro de seus materiais exclusivos é o relato sobre o nascimento de Jesus.

Seus informantes

A questão que surge é como e onde Lucas encontrou todo esse material exclusivo. Paulo sugere que Lucas não era judeu (Cl 4.10-14). Ele escreveu a maior parte em bom grego, mas quando incluiu material de fontes judaicas, seu estilo reflete essa origem. Ele não nos conta como chegou à fé em Cristo.

Sua forte conexão com Paulo e a semelhança de seu estilo podem indicar que Paulo o conduziu a Cristo. O chamado de Paulo era principalmente pregar para os não judeus. Isso significa que a visão de Jesus no Evangelho de Lucas é a visão de um não judeu. Não nos surpreendemos, então, quando o vemos incluindo a declaração de Simeão de que a criança seria a *luz para revelação aos gentios, e para glória do teu povo de Israel* (Lc 2.32). Igualmente se torna claro por que ele quis incluir a doxologia dos anjos aos pastores sobre "paz na terra", e não somente em Israel. Sua genealogia de Jesus não para em Abraão. Vai diretamente a *Adão, filho de Deus* (Lc 3.38). O restante de seu Evangelho continua mostrando a universalidade de sua mensagem.

É mais do que provável que Lucas também não era palestino. Ele mesmo nos conta, em uma de suas passagens "nós" em Atos, que veio a Jerusalém com Paulo quando ele trouxe o dinheiro para ajudar os cristãos pobres de lá (At 21.19). Paulo, então, foi levado sob custódia em Jerusalém. Por segurança, ele foi transferido para o porto de Cesareia, onde foi submetido a uma série de julgamentos. Paulo esteve detido por dois anos (por volta de 57 a 59 d.C.). Lucas estava novamente com ele quando foi mandado sob escolta de navio para Roma, juntando-se a ele no começo da viagem (At 27.1).

Eu gosto da visão na qual Lucas fez sua pesquisa naqueles dois anos em que não podia ajudar muito Paulo na prisão. Posso imaginá-lo viajando pela Palestina fazendo perguntas e entrevistando tantas pessoas quantas pudesse encontrar que ainda se lembrassem de detalhes sobre a vida de Jesus. Maria, provavelmente, estava entre elas, pois estudiosos admitem que somente ela poderia dar os detalhes do nascimento de Jesus que temos nos dois primeiros capítulos de Lucas. Se fosse o ano de 57 d.C., Maria estaria por volta dos 75 anos de idade. Alexander Whyte pergunta: "Era hora de todas essas coisas que ela guardou e ponderou em seu coração serem divulgadas?"

Foi a descoberta do extenso e indispensável papel desempenhado por Maria que o colocou na pista das outras mulheres cujas histórias ele conta em seu Evangelho, e que os outros não mencionam? Ou isso foi somente outra coisa que ele aprendeu de sua prática médica sensível e perceptiva?

Um senso de história

Lucas também sentiu que a história estava no desenrolar dos eventos que ele estava investigando na Judeia e Galileia. Vemos em sua justaposição do reinado de Herodes, o Grande, com a experiência de Zacarias no templo, que Herodes estava no processo de reconstruir o templo em um estilo e com um esplendor maior do que até mesmo os dois templos anteriores.

Novamente, quando ele começa a narrar a história de como José e Maria chegaram a Belém para o nascimento de Jesus, Lucas mostra o cenário histórico. O Imperador Augusto ordenou um recenseamento que deveria acontecer por todo o Império Romano, por isso todos deveriam ir para sua cidade natal para se registrarem. A mão de Deus estava movendo a mão do Imperador Romano para que seus grandes propósitos para a humanidade acontecessem (Lc 2.1). Mais tarde, quando menciona a pregação de João Batista, o precursor de Jesus, ele fornece até mais informações sobre o contexto internacional, nacional, político e religioso na época do Imperador Tibério (Lc 3.1-3).

O senso histórico de Lucas também pode ser visto no uso frequente das palavras "Boas Novas", não usadas por João e bem pouco por Mateus e Marcos. A palavra grega é *"Evangelion"*, e Lucas a introduz na mensagem dos anjos aos pastores: – *Não tenham medo! Estou aqui para lhes trazer boa-nova de grande alegria* (Lc 2.10). Lucas e Paulo usam essas palavras quase exclusivamente. Lucas coloca o nascimento de Jesus pelo menos no mesmo patamar dos Imperadores de Roma. Proclamações foram feitas nos nascimentos destes, ou em outras ocasiões importantes, dizendo que o evento celebrado era de "boas novas" para os povos do mundo. Para Lucas, a verdadeira "Boa Nova" era a vinda de Jesus.

Um senso de poesia e canção

Outra característica muito particular de Lucas era seu ouvido para a poesia profética. Não posso deixar de pensar que ele era uma pessoa musical. No espaço de dois capítulos sobre o nascimento de Jesus temos quatro canções que ainda conhecemos pelas palavras latinas com as quais elas começam. Elas são *Ave Maria*, de Isabel (Lc 1.42); o *Magnificat*, de Maria (Lc 1.46-55), o *Benedictus*, de Zacarias (Lc 1.68-79) e o *Nunc Dimittis*, do velho Simeão (Lc 2.29-32). Todas essas canções, Lucas diz, foram inspiradas pelo Espírito Santo naqueles que as falaram. Durante séculos, em todo o mundo, essas canções têm sido cantadas em inúmeros idiomas nos cultos. A pessoa que as registrou para nós foi Lucas. Ele certamente foi um homem a quem a adoração e as orações tornaram-se muito importantes na sua nova vida em Cristo.

A mensagem de Lucas é que, todos nós, mesmo sendo pessoas diferentes, temos nosso próprio entendimento de Jesus, que podemos compartilhar com outros. Ele nos mostra que a inspiração do Espírito Santo não nos livra da dura tarefa que qualquer escritor deve colocar em sua obra.

> Há um Evangelho segundo Lucas, mas *você* está escrevendo um Evangelho, um capítulo por dia. Em tudo o que você faz e em tudo o que você diz, os homens leem o que você escreve, seja ele descrente ou tendo fé verdadeira! Diga, qual é o evangelho segundo você?

14

Alvorada da consciência de um menino

Lucas 2.41-52

A cena volta para Nazaré depois que a pequena família retornou dos seus dias como refugiados no Egito (Mt 2.23), mas a história continua se revelando com o mesmo tema.

Uma criança normal

Sabemos bem pouco sobre a infância de Jesus, mas o que sabemos é significativo. Que ele era uma criança normal é enfatizado pelo relato de Lucas no começo e no final da única história que temos desses anos. Ele diz: *O menino crescia e se fortalecia, enchendo-se de sabedoria; e a graça de Deus estava sobre ele.* [...] *E Jesus crescia em sabedoria, estatura e graça, diante de Deus e dos homens* (Lc 2.40,52). Física, intelectual e espiritualmente, e em seus relacionamentos, ele se desenvolveu como qualquer outra criança.

Há um contraste marcante com o menino Jesus mostrado pelos evangelhos apócrifos. Este é travesso, petulante, avançado, vingativo. Algumas das maravilhas ditas a seu respeito são simplesmente sem propósito e infantis, como quando ele carrega a água derramada em sua túnica; quando transforma tábuas pequenas no comprimento necessário; molda pardais de barro e depois bate as mãos para fazê-los voar; ou joga todos os tecidos no tanque de tingimento e depois os tira de lá, cada um de uma cor. Mas algumas são, ao contrário, simplesmente, desagradáveis e imprudentes, como quando ele irrita, envergonha e silencia aqueles que desejam ensiná-lo; repreende José ou transforma seus companheiros de brincadeiras em cabras. Outros são simplesmente cruéis e blasfemos, como quando ele ataca com uma maldição de morte os meninos que o ofendem ou correm atrás dele, até que, finalmente, há uma tempestade de indignação popular e Maria fica com medo de deixá-lo sair de casa.

Como é diferente o Jesus descrito pelos Evangelhos em sua normalidade! Lutero contou uma história sobre um piedoso bispo, que teria orado seriamente para que Deus lhe manifestasse o que Jesus teria feito na sua juventude. Certa vez, o bispo teve um sonho. No seu sono, lhe pareceu ter visto um carpinteiro trabalhando no seu comércio e, ao lado dele, um garotinho que estava juntando a serragem. Então, entrou uma jovem vestida de verde, que chamou os dois para a refeição e colocou mingau na sua frente. Tudo isso o bispo pareceu ver em seu sonho e ele mesmo em pé atrás da porta para que não fosse percebido. Então, o menino disse: "Por que aquele homem está parado lá? Ele também não vai comer conosco?" Isso assustou tanto o bispo que ele acordou. "Deixe ser como parece" – diz Lutero – "uma história verdadeira ou falsa. Eu ainda acredito que Cristo, em sua infância e juventude, pareceu e agiu como as outras crianças, ainda que sem pecado."

"Observe aqui", disse São Boaventura, o príncipe dos místicos no século 13, "o fato de não estar fazendo nada maravilhoso era, em si, um tipo de maravilha. Sua vida toda é um mistério. Assim como havia poder em suas ações também havia poder em seu silêncio, em sua inatividade e em seu isolamento..."

14 — Alvorada da consciência de um menino (Lc 2.41-52)

Parece que José e Maria ficaram em silêncio sobre as revelações e aventuras que tiveram antes e depois do nascimento de seu filho. As atitudes em relação a eles em Nazaré não os encorajaram a confidências como essas. Aparentemente, eles não falaram muito disso nem mesmo com o próprio Jesus.

Uma festa anual

Todos os anos, os pais de Jesus iam para Jerusalém para a Festa da Páscoa. Nela, toda primavera os judeus comemoravam sua libertação do Egito por Deus mais de mil anos antes. Quando Jesus tinha doze anos, levaram-no com eles. De Nazaré, a viagem era de mais ou menos 130 km e durava cerca de quatro dias. Mais de um milhão de judeus do país e regiões vizinhas foram à capital. Pelo tamanho, deve ter sido parecido com o *Haj*, quando milhões de muçulmanos fazem a peregrinação a Meca.

A idade de doze anos era crítica para um menino judeu. Era a idade na qual, de acordo com a lenda judaica, Moisés deixou a casa da filha do Faraó; Samuel ouviu a voz que o convocou para o ministério profético; Salomão fez o julgamento que revelou pela primeira vez sua sabedoria; Josias sonhou, pela primeira vez, com sua grande reforma. Nessa idade, um garoto de qualquer classe era obrigado, pela determinação dos Rabis e costume da sua nação, a aprender uma profissão para seu próprio sustento. Um ano mais tarde, ele tornou-se um "filho da Lei". Teve seu *Bar Mitzvah* e foi apresentado por seu pai na sinagoga no Sabá.

Uma semana depois, quando a Festa da Páscoa havia terminado, eles começaram a voltar para casa. Depois que seus pais partiram, Jesus, sem contar a eles, permaneceu por mais alguns dias em Jerusalém conversando com os mestres no templo.

O pânico dos pais por um filho perdido

Quando, depois de um dia inteiro, José e Maria ficaram alarmados ao descobrir que Jesus não estava com eles, procuraram-no entre seus parentes e amigos na multidão. Quando não o encontraram, no dia seguinte, voltaram mais de 32 km para Jerusalém procurando por ele. Finalmente, no terceiro dia, eles o encontraram no templo de Herodes discutindo com os mestres, que estavam maravilhados com suas respostas inteligentes. Estes ficaram imaginando onde Jesus havia aprendido tudo aquilo.

A educação de Jesus

Jesus sabia ler e escrever (Lc 4.16; Jo 7.15). Ele deve ter sido ensinado por seus pais ou por um professor ligado à sinagoga local. Sua educação não foi formal, como ainda tem que ser em muitas partes do mundo hoje. Não podemos supor que ele tivesse muitos livros. Talvez nenhum. Ele conhecia bem e intimamente o Antigo Testamento, muito melhor do que alguns esperavam. Onde ele teve acesso a isso, não sabemos. Ele aprendeu o que sabia em casa, no trabalho, no deserto, na estrada e no mercado. Suas parábolas nos mostram o quão observador ele era e o quanto sabia.

Jesus viu a vida de uma mulher na casa de sua mãe, moendo no engenho, esquentando o forno ao queimar lenha dentro dele, acendendo com a "erva do campo". O fermento está em ação na massa, onde a mulher o colocou, e seu filho se senta ao lado e assiste ao seu crescimento. Podemos relacionar todas essas parábolas do fazer pão com o que Jesus fala sobre o menino pedindo por ele. A mãe esquenta o forno e coloca fermento na refeição muito antes de a criança estar com fome. *"O Pai de vocês, que está no céu, sabe que vocês precisam de todas elas"* (Mt 6.32). Meninos não limitavam suas necessidades ao pão. Eles queriam ovos e peixes também. Não havia fim para seus apetites saudáveis. Eles também queriam roupas, mas as desgastavam, como todo menino. Chegaria um momento em que novas roupas seriam necessárias, mas

14 — Alvorada da consciência de um menino (Lc 2.41-52)

por que as velhas não podiam ser remendadas e passadas a outro estágio? Sua mãe sorriria e talvez tenha pedido que ele mesmo experimentasse para entender o porquê, e ele aprendeu, por experiência própria, que roupas velhas não podem ser remendadas além de certo ponto. Às vezes, traças também arruínam roupas boas.

A natureza era uma sala de aula para Jesus. A águia tem o instinto do pássaro para carniça. A raposa tem sua toca; o pardal, seu ninho; galinhas protegem seus pintinhos embaixo de suas asas; cachorros lambem as migalhas embaixo da mesa; ovelhas e cabras devem ser mantidas separadamente; porcos comem lavagem; cobras são animais nocivos e têm que ser eliminadas; lobos ameaçam ovelhas; peixes nem sempre são facilmente pegos. Todo o seu conhecimento sobre a natureza indica que esta era uma grande parte da sua escolaridade.

O pôr-do-sol e as nuvens eram sua previsão do tempo. Os grãos crescem tão vagarosamente que você pensa que nada está acontecendo. O joio é uma ameaça, mas não pode ser arrancado por medo de tirar junto o trigo. Flores podem ser lindas, além da descrição.

Não sabemos o quanto desse conhecimento apareceu quando, na idade de 12 anos, ele conversou com os doutores no templo, mas algo o destacou para algum comentário especial. Seus pais também ficaram atônitos com seu desempenho.

Um diálogo revelador

Maria advertiu-o porque causou muita preocupação a ela e a José. Ela disse: – *Filho, por que você fez isso conosco? Seu pai e eu estávamos aflitos à sua procura* (Lc 2.48). A resposta de Jesus indicou que este era um assunto novo entre eles. *Ele respondeu: "– Por que me procuravam? Não sabiam que eu tinha de estar na casa de meu Pai?"* (v.49). Eles não entenderam sua resposta. Maria falou de José como seu "pai". Jesus falou do templo como a "casa de seu pai". Com isso, parece que Maria e José não devem ter falado para Jesus sobre os extraordinários eventos antes e depois do seu nascimento. Há outras razões para pensarmos assim, como veremos. Mesmo sem que seus pais tenham falado a respeito das revelações sobre seu nascimento, Jesus estava cada vez mais consciente da sua origem divina. De seus próprios lábios, eles o ouviram falar de Deus como seu Pai, relembrando o que o anjo falou a Maria sobre a criança ser o *Filho do Altíssimo* (Lc 1.32).

Era muito raro para um judeu falar de Deus como "Pai". Sua visão de Deus era tão cheia de temor e respeito que eles, às vezes, nem mesmo falavam seu nome. A palavra "Pai" para Deus é usada somente quinze vezes no Antigo Testamento. Não deveríamos nos surpreender que Maria e José não tenham entendido a resposta de Jesus. Tudo o que Maria poderia fazer era internalizar esse fator adicional na cadeia de revelações que ela e José haviam experimentado durante todos aqueles anos. *E a mãe dele guardava todas estas coisas no coração* (Lc 2.51). Não parecia haver mais nada a dizer sobre o assunto.

Um final feliz

E voltou com eles para Nazaré e era submisso a eles. [...] E Jesus crescia em sabedoria, estatura e graça, diante de Deus e dos homens (Lc 2.51-52).

Depois disso, houve cerca de dezoito anos de silêncio antes que Jesus começasse seu ministério público. José e Maria tiveram outros filhos: quatro irmãos e pelo menos duas irmãs. Como não ouvimos mais nada sobre José, temos que supor que ele tenha morrido e que Jesus o sucedeu como carpinteiro (Mc 6.3).

PARTE 2

Introdução a João Batista

Parece claro que Mateus, e especialmente Lucas, viram o trabalho de João Batista como uma continuação das histórias do nascimento em seus prólogos ao ministério de Jesus. Eles continuaram a linha da história de seu nascimento e infância até seu batismo e tentação, depois dos quais o ministério do próprio Jesus começou (Mt 4.12-17; Lc 4.18).

Do privado ao público

Com o benefício da retrospectiva, podemos perceber como todo um povo teve que estar preparado para aceitar a visão de que suas esperanças poderiam ser preenchidas e seus medos vencidos, o que era radicalmente diferente do que eles haviam acreditado por séculos.

O que vimos até aqui foi uma série de eventos particulares acontecendo na vida de pessoas discretas. Elas responderam com diferentes níveis de fé comparando as experiências relativamente isoladas pelas quais passaram.

Nenhuma delas conhecia a história completa, exceto Maria e, talvez, José, e eles acharam difícil compreender tudo aquilo (Lc 2.51).

Assim, precisamos observar cuidadosamente como as revelações essencialmente particulares ocorridas na época do nascimento de Jesus tornaram-se públicas antes e na sua vida e ministério. O que Jesus trouxe ao mundo era drasticamente diferente da mentalidade do povo daquela época. A ideia de que Deus, como os judeus haviam aprendido a concebê-lo, fosse um Pai e pudesse ter um Filho, era tão inaceitável para eles quanto é agora violentamente negado pelos muçulmanos. A singularidade e a unidade de Deus estavam tão arraigadas e eram tão sacrossantas para eles quanto são no mundo do islã.

A pessoa que tornou a mudança necessária possível foi João Batista, e ele o fez em um período de apenas seis meses. Com dois milênios de história entre nós e João Batista, fica difícil penetrar muito além da superfície nas histórias sobre ele para tentar compreender o que estava acontecendo. Há pouca dúvida de que Jesus sabia o que estava envolvido e como era grande a contribuição de João Batista, como veremos na sua avaliação de João.

Os anos silenciosos

Antes de nos lançarmos nos eventos e personagens, precisamos ter alguma ideia do que aconteceu e do que não aconteceu nos trinta anos entre o nascimento de Jesus e o começo do seu trabalho público. Sabemos que havia um risco de segurança para o menino Jesus, o que fez sua família permanecer em Nazaré da Galileia, no Norte, em vez de ir para Jerusalém ou Judeia, no sul. Havia também um estigma social surgindo por causa da natureza do nascimento de Jesus de uma virgem, o que deu à família razões para manter-se reservada e distante de qualquer exposição pública desnecessária em Nazaré (Mt 2.22s).

Sobre Jesus, temos apenas um vislumbre dele e de sua família quando chegou à idade de ser levado ao templo, em Jerusalém (Lc 2.41-52). Percebemos que a ideia de que Jesus via Deus como seu Pai parece ter sido uma surpresa para José e Maria. Isso parece mostrar que não foi falada muita coisa a ele nem a ninguém mais sobre as revelações que vieram no seu nascimento. Seus primos, Tiago e João, somente foram apresentados à ideia de que ele era o Messias por João Batista (Jo 1.35-42).

Temos ainda menos informações sobre o que aconteceu com João Batista nesses anos silenciosos. *[Ele] viveu nos desertos até o dia em que havia de manifestar-se a Israel* (Lc 1.80). Apesar da relação familiar e do contato antes do nascimento entre Isabel, sua mãe, e Maria, mãe de Jesus, João Batista não sabia que Jesus era o Messias até o dia em que o batizou (Jo 1.31).

João Batista parece ter tido seu próprio chamado, que o levou a pregar e batizar (Jo 1.6,33). Podemos provavelmente supor que seus pais, Zacarias e Isabel, morreram quando ele ainda era jovem, pois eles "já tinham idade avançada" quando João nasceu (Lc 1.7). Não é incomum para um menino que tem pais idosos crescer isolado. Também não é incomum alguém que prefere o deserto à cidade ou à fazenda, ser bastante recluso. Talvez isso estivesse ligado a uma determinação de não ser um sacerdote como seu pai.

Os únicos vestígios do seu início são o estilo de vida e as roupas, que estão relacionados à profecia de que ele seria um Nazireu. Um Nazireu não bebia vinho ou bebida forte e era uma pessoa semelhante a Elias, que prepararia o caminho para o Messias, de acordo com o profeta Malaquias (cf. Ml 3.1; 4.5s com Lc 1.17,76-79). A maneira como se apresentava era nova e pessoal à sua própria ideia a respeito do seu chamado.

Isso parece sugerir que havia apenas traços de memória de seus pais e de qualquer coisa que eles pudessem ter lhe contado. Se eles morreram enquanto João era ainda muito jovem, bem poderiam ter arranjado para que ele fosse criado por uma família ou comunidade que vivia "no deserto".

Nossa tarefa, então, é explorar como João Batista tornou público o que, até ali, havia sido revelado somente em particular e muito tempos antes. Os anúncios dramáticos que cercaram o nascimento de Jesus eram de que ele era o Filho de Deus, o Messias e o SENHOR, e que, de algum modo, seria um rei como Davi. Veremos isso acontecendo e tornando-se público na história de João Batista.

15

Indo a público sobre o Messias

Mateus 3.1-12; Lucas 3.1-9

Um grande silêncio

Há trinta anos não contabilizados na vida da pessoa que conhecemos como João Batista. Tudo o que nos foi dito é que *o menino crescia e se fortalecia em espírito. E viveu nos desertos até o dia em que havia de manifestar-se a Israel* (Lc 1.80). Há, no entanto, algumas deduções que podemos fazer a partir dos fatos que conhecemos.

Sabemos que os pais de João, Zacarias e Isabel, já tinham idade avançada quando João nasceu (Lc 1.7). Podemos supor que eles morreram enquanto João ainda era criança, talvez antes mesmo que ele tivesse idade suficiente para ouvir sobre as circunstâncias incomuns do seu nascimento. Zacarias era um sacerdote praticante e, em circunstâncias normais, um filho único teria seguido os passos do pai. Claramente, João não se tornou um sacerdote praticante. Ele viveu no deserto. Teria sido por causa de um arranjo que seus pais fizeram para que ele crescesse com alguma família ou comunidade desconhecida que vivia no deserto? Sabemos que havia comunidades que viviam em isolamento no deserto próximo ao Mar Morto. Podemos supor que seus pais estivessem tentando fazê-lo permanecer um Nazireu, sem cortar o cabelo e abstendo-se do álcool (Lc 1.15). Um arranjo com uma dessas comunidades o teria colocado com pessoas que respeitavam tais abstenções.

É importante que tentemos imaginar o quanto João havia compreendido em qualquer momento particular. Estamos olhando para o surgimento muito lento de conceitos e eventos imprevistos. João saiu do seu isolamento e começou a falar publicamente para multidões de pessoas. O que ele tinha a dizer estava profundamente enraizado no Antigo Testamento. Ele tinha a vestimenta, o estilo de vida e a aparência de Elias, o profeta impetuoso que desafiou os reis e o povo no Monte Carmelo (1Rs 18). Suas palavras eram do profeta Isaías, quando profetizou o igualmente importante período em que o povo de Judá seria trazido de volta do exílio na Babilônia para a terra dos seus ancestrais.

Foram as palavras de Isaías que colocaram em sua boca o fato de que era para o Senhor que o caminho deveria ser preparado (Is 40.3). O Senhor era como Israel chamava Deus. Vamos ver quem era João Batista.

O último dos profetas, não um sacerdote

Não houve profetas em Israel por cerca de 400 anos. Lucas deixa claro que João Batista estava nessa linha de sucessão pelo modo como o apresenta e dá o contexto de sua tarefa profética. *No décimo quinto ano do reinado de Tibério César, sendo Pôncio Pilatos governador da Judeia, Herodes, tetrarca da Galileia, seu irmão Filipe, tetrarca da região da Itureia e Traconites, e Lisânias, tetrarca de Abilene, sendo sumos sacerdotes Anás e Caifás, a palavra de Deus veio a João, filho de Zacarias, no deserto* (Lc 3.1s). Cada nome conta uma história. Lucas difere em dois aspectos da maneira pela qual os profetas do Antigo Testamento foram apresentados.

Ele relaciona João Batista a dois nomes não judeus. Foram quinze anos no reinado do imperador Tibério. O Império Romano ainda era o poder dominante na terra. O reinado de César Augusto já havia passado quando João e Jesus cumpriram seu chamado. A era de paz prolongada sob Augusto deu lugar a tempos muito mais instáveis. No entanto, Lucas está sinalizando que esse profeta, a quem a palavra do Senhor veio, tem importância para o mundo inteiro sobre o qual Tibério governava. O representante de Roma na região era o governador Pôncio Pilatos.

Os próximos três nomes nos mostram que a terra que Herodes, o Grande, governara havia sido dividida em vários territórios e dados a dois de seus filhos, e um deles a outro, Lisânias. Todos eles se reportavam a Pôncio Pilatos. Isso destaca o contexto da política interna na qual João teve que falar e a qual Jesus teve que encarar.

Anás e seu genro, Caifás, eram da família do sumo sacerdote, que controlava as questões religiosas e, em particular, tinham o monopólio dos lucrativos negócios do templo. Antes de terminar, Lucas mostra que esses governantes seculares e sacerdotes religiosos foram personagens muito significativos na vida de Jesus.

Tendo seu próprio senso de chamado, João falou que Deus o havia enviado para batizar com água. Indicou que não sabia que Jesus era o Messias quando começou sua pregação pública (Jo 1.6,33). Lucas o descreve da mesma maneira que os profetas dos tempos do Antigo Testamento eram chamados por Deus: ... *a palavra de Deus veio a João, filho de Zacarias, no deserto* (Lc 3.2). Ele saiu andando por seu país como um profeta totalmente preparado e ensinado por Deus na solidão do deserto. Quando perguntaram se ele era profeta, disse que não (Jo 1.21). Isso é característico da sua modéstia. Jesus disse que ele era muito mais do que um profeta (Mt 11.9). O povo também pensava que ele era um profeta, o primeiro depois de séculos (Mt 21.26).

João, o preparador do caminho

João descreveu a visão que recebeu no deserto nas palavras de um antigo profeta de Israel (Is 40.3). O Senhor estava prestes a vir. A tarefa de João era deixar o caminho pronto para ele. Ele afirma francamente em palavras como isso deveria ser feito: "Arrependa-se dos seus pecados e seja batizado e Deus irá lhe perdoar!" Ele afirma isso também com ilustrações. Algumas ele tira de Isaías. Outras são dele mesmo (Lc 3.4-9).

Ele pega emprestada uma ilustração da preparação que acontece quando o governante está prestes a chegar para uma visita real. Estradas e pontes podem ter sido negligenciadas por anos e estar cheias de sulcos e buracos. Mas quando o rei está chegando, nenhum esforço e nenhum gasto são economizados para deixar todas restauradas, e até novas estradas são construídas onde não havia. O medo era que, se a viagem fosse muito difícil, o rei fosse ignorá-los e não viesse. Ou, se ele viesse, cabeças rolariam porque ele ficaria descontente com o modo pelo qual seu território estava sendo mantido. Não temos a mesma agitação no Ocidente com a visita de uma rainha ou de um presidente, mas ainda é uma grande ocasião em algumas partes do mundo.

Eu vi grandes melhorias empreendidas quando Jomo Kenyatta visitou certas partes do Quênia nos anos sessenta. O país recebeu uma estrada pavimentada nos cerca de 480 km ao longo da costa, porque, entre outras razões, Kenyatta gostava de ir lá. Em Gana, em 1968, logo após a era Nkrumah, vi portões duplos nas rotatórias que podiam ser abertos para permitir que sua caravana passasse direto. Esta é a ilustração que João usa para descrever seu papel de preparar o caminho do Senhor.

Não é difícil imaginar como isso traduz o que Deus pede de nós, se quisermos que o Messias entre nas nossas vidas ou nas nossas comunidades. Jesus não vem sem ser convidado. Precisamos valorizar sua vinda e fazer alguns preparativos essenciais para isso.

Todos os vales serão aterrados... (Lc 3.5). Isso fala das nossas deficiências e inadequações. Jesus nos torna completos por sua própria graça e poder, mas precisamos mostrar que queremos que ele faça isso.

... todos os montes e colinas serão nivelados (v.5). Esta é uma ilustração do orgulho que impede Cristo de vir a nós se cedermos a ele. Não podemos ficar pensando que somos grandes e, ao mesmo tempo, que Jesus é um grande Salvador. Como medimos nossos montes de orgulho? Isso ajuda a reconhecer o

quão infundado é o nosso orgulho. Eu sou tentado a me orgulhar por ser escocês. Não tenho nada a ver com isso. Gosto de pensar em mim mesmo como alguém inteligente, mas isso vem da minha ascendência. O que temos que não tenhamos recebido? Quando descontarmos todo o nosso falso orgulho, poderemos chegar humildemente a Deus. Podemos fazer melhor honrando os outros. Podemos usar até mesmo as humilhações como degraus para uma estimativa adequada de nós mesmos, se tomarmos cuidado para não reagir com ressentimento.

... *os caminhos tortuosos serão retificados* (v.5). A versão NTLH os chama de "tortos". Ele é desonestidade e engano. Isso impede que Cristo venha a nós se enganarmos as pessoas ou agirmos desonestamente. Certa vez, perguntaram a um comerciante por que ele não ia à igreja. Ele respondeu dizendo que, quando foi, viu muitas pessoas ali que lhe deviam dinheiro. Estradas tortas levam mais tempo e são muito mais cansativas do que as estradas retas. Assim são os caminhos desonestos e enganosos. Que cada pessoa fale a verdade com seu vizinho.

... *e as estradas irregulares serão aplanadas* (v.5). Isso poderia se referir ao traço cruel em nós, nosso ego rancoroso. Quando somos rudes com as pessoas perdemos nossa paz e, na maioria das vezes, perturbamos a paz delas também. Quando agimos com consideração, preocupando-nos genuinamente com os outros, temos nossa paz de volta, e eles também. Jesus não faz companhia à crueldade.

A pessoa que estava vindo

A seriedade da mensagem de João Batista ao povo está em uma pequena palavra: "Senhor" (Lc 3.4). Eles deveriam preparar o caminho para o Senhor. Essa era a palavra que os Romanos usavam para seu imperador. Mas era a palavra que os judeus usavam para Deus. Não sei o que os ouvintes de João imaginavam sobre como e quando esse Senhor viria. João não os esclareceu. Jesus fez isso mais tarde. As pessoas, no entanto, sabiam que, se era o Senhor que estava vindo, o melhor seria prestar atenção e fazer o que o profeta estava dizendo. Elas vinham em massa e eram batizadas.

O público de João Batista

Multidões de pessoas comuns foram a João para ser batizadas por ele. Chegaram de Jerusalém, de toda a província da Judeia, e de todo o Vale do Jordão. Ele provocou um movimento em massa. Foi significativo o suficiente para que as autoridades enviassem alguns sacerdotes e levitas para interrogá-lo (Jo 1.19-28). Havia também saduceus do grupo controlador e fariseus que reivindicavam ser os verdadeiros líderes religiosos (Mt 3.7). Soldados e cobradores de impostos vinham quando estavam de folga (Lc 3.7-14).

A mensagem de João – Sejam batizados!

Até então, o batismo era somente para os não judeus que queriam se converter ao judaísmo. Esses convertidos tinham uma série de abluções a executar. O batismo de João era diferente, pois ele dizia que os próprios judeus, de qualquer linhagem, precisavam ser batizados. Isso era um ataque direto ao nominalismo. Este é o foco de suas referências a Abraão e seus filhos: *E não comecem a dizer uns aos outros: "Temos por pai Abraão", porque eu afirmo a vocês que Deus pode fazer com que destas pedras surjam filhos a Abraão* (Lc 3.8).

Havia três fatores que alimentavam o nominalismo da audiência de João. Havia um lado racial distinto. Os judeus tinham um orgulho étnico intenso. Eles eram o povo de Deus. Os não judeus eram apenas combustível para o fogo do inferno. Havia um lado religioso. Eles tinham a Lei de Deus em suas Escrituras, seu templo em Jerusalém e as sinagogas em todas as cidades. Também tinham a rigorosa observância exterior dos rituais na guarda do Sábado, seus sacrifícios diários e as festividades anuais em Jerusalém. João estava dizendo que tudo isso era inútil, a menos que a pessoa se arrependesse de seus pecados e fosse batizada.

15 — Indo a público sobre o Messias (Mt 3.1-12; Lc 3.1-9)

Arrependam-se!

Batizar judeus era uma maneira poderosa de dizer que a rigorosa observância religiosa exterior não era suficiente. Ainda que, no fim, o batismo também seja algo externo, as pessoas estavam se reunindo a ele para que fosse feito. Estavam tornando isso apenas outra maneira de substituir algo externo pela mudança interna, que era realmente necessária para eles a fim de preparar o caminho do Senhor.

Foi neste ponto que João os insultou dizendo serem cobras correndo desesperadamente. Imagino campos na época em que é ateado fogo para queimar o restolho ou a grama seca, e as cobras se contorcendo para se manter à frente do limite das chamas. – *Raça de víboras!* – disse-lhes. *"Quem deu a entender que vocês podem fugir da ira vindoura?* (Lc 3.7). Essa é uma ilustração poderosa, engraçada e trágica. É engraçada em quão longe as pessoas irão para evitar a única coisa que é necessária; é trágica nas consequências, pois a ira as alcançará.

Sua próxima ilustração é igualmente gráfica: *E também o machado já está posto à raiz das árvores. Portanto, toda árvore que não produz bom fruto é cortada e lançada ao fogo* (v.9). Sabemos, na verdade, que, no que dizia respeito a sua cidade e nação, muitas de suas árvores foram cortadas pelo machado. Os líderes e as pessoas que resistiram a João e a Jesus pereceram no cerco de Jerusalém quarenta anos mais tarde. Assim, João enfatizou: *Produzam frutos dignos de arrependimento* (v.8). Até mesmo o batismo não faria bem algum se não houvesse frutos nas suas vidas.

Isso o torna um pensamento muito sério para nós no século 21. Temos um grande problema com pessoas que são cristãs apenas no nome na Grã-Bretanha, Europa, Américas, Austrália, Ásia e Rússia. Se a realidade e a integridade no povo de Deus são precursoras de Cristo que vem para renovar sua igreja e curar a nação, há um grande trabalho a ser feito.

Salvação

Podemos abordar o problema do nominalismo de maneira útil, se pegarmos uma palavra usada por João e por seu pai, Zacarias, antes dele. É a palavra "salvação". João Batista diz: *... e toda a humanidade verá a salvação que vem de Deus* (Lc 3.6). Seu pai havia profetizado, no seu nascimento, que ele iria *dar ao seu povo conhecimento da salvação, por meio da remissão dos seus pecados* (Lc 1.77). Esse conceito de salvação é central em tudo o que João e Jesus trouxeram ao mundo. Hoje isso, às vezes, é parodiado em tom de brincadeira. "Você está salvo?" – diz o comediante. A outra pessoa responde: "Sim". O comediante zomba: "Não da impertinência!", e ele imagina que marcou pontos. No entanto, salvação diz respeito a Jesus.

Antes de seu nascimento, um anjo disse a sua mãe, Maria, que ele salvaria seu povo dos pecados. Ele disse sobre si próprio: *"Porque o Filho do Homem veio buscar e salvar o perdido"* (Lc 19.10). Mais tarde, Paulo diria: *[Deus] deseja que todos sejam salvos* (1Tm 2.4). A mensagem cristã é o *caminho da salvação* (At 16.17). A pregação cristã é *a palavra desta salvação* (At 13.26). O evangelho cristão *é o poder de Deus para a salvação de todo aquele que crê* (Rm 1.16). Todos os que são "salvos", são "acrescentados à igreja" (At 2.44,47). Se uma pessoa tem *um coração mau e descrente,* irá *se afastar do Deus vivo* (Hb 3.12).

Embora seja uma salvação compreensiva, não é nada banal ou fácil. Certa vez, o bispo Taylor Smith estava viajando em um trem usando todo o seu traje de bispo. Uma moça ousada do Exército de Salvação, também usando seu uniforme, sentiu que deveria desafiar o bispo. "Você está salvo, senhor?", ela perguntou. O bispo olhou para ela com um sorriso carinhoso e disse: "Você quer saber se eu fui salvo, se eu sou salvo ou se eu serei salvo?", e continuou abrindo os olhos da moça para a salvação "completa" que Jesus veio trazer.

Infelizmente, muitos simplesmente não foram informados de que existe uma salvação que eles podem experimentar agora. Eu já ouvi falar de pessoas importantes que participaram do Curso Alpha depois de frequentar igrejas por toda sua vida. Elas descobriram que havia mais do que lhes foi dito ou do que ouviram, e chegaram a uma certeza da salvação que lhes deu, e a seus amigos, grande alegria.

O povo forçou João Batista a ser mais explícito sobre que tipo de fruto ele estava falando. Veremos os detalhes no próximo capítulo.

16

O padrão moral do Messias

Lucas 3.11-20

Arrependimento específico

Temos que imaginar uma massa de pessoas se reunindo em ambos os lados do rio Jordão, que não é muito largo. João prega para eles vestido como o profeta Elias, trovejando sobre a necessidade de se arrependerem se quiserem escapar do julgamento de Deus. Muitos estão profundamente comovidos e começam a descer para se juntarem a João Batista no rio. Deve ter sido um trabalho extenuante imergir tantas pessoas de uma vez.

Eu me lembro da história de Paul Yonggi Cho, o pastor da Yoidoo Full Gospel Church, a maior igreja do mundo, em Seul, Coreia do Sul. Ele era um pastor dinâmico de 26 anos. Começando com apenas algumas pessoas em 1958, o Dr. Cho, com um zelo quase inacreditável e um trabalho árduo através de dias que começavam com um culto de oração às 4h30min da manhã e terminavam depois da meia-noite, viu sua congregação crescer para cerca de 3.000 membros. "Eu era jovem e ensoberbecido, e tentava fazer tudo com minhas próprias forças", ele disse. "Carreguei toda a carga de pregação, visitação, oração pelos enfermos, aconselhamento, escrevia livros e artigos, iniciei um ministério de rádio e administrei tudo, desde a zeladoria até a Escola Bíblica Dominical e o grupo de jovens."

Mas em um domingo à noite, em 1964, enquanto pregava pela sexta vez naquele dia, e depois de ter batizado pessoalmente 300 convertidos naquela tarde, ele desmaiou no púlpito e foi levado de maca. "O médico me disse que tive o pior tipo de crise nervosa e que se eu quisesse viver, teria que deixar o ministério". Aquela crise levou às mudanças que contribuíram para o crescimento espantoso de sua igreja. Eu o mencionei somente para mostrar como deve ter sido extenuante para João Batista batizar as multidões.

Havia até mesmo fariseus e saduceus entre os que vieram para ser batizados. Então, João Batista avisou-os que o batismo, em si, não seria suficiente. Eles precisavam fazer coisas que mostrassem que haviam se livrado de seus pecados. Se não fizessem isso, Deus os separaria dos penitentes verdadeiros como a palha é separada do trigo e queimada no fogo. João não apenas trabalhou a multidão. Estava preocupado com cada um individualmente. Vemos isso nas respostas do povo.

Algumas pessoas pediram que ele fosse mais específico sobre o que deveriam fazer. João respondeu: – *Quem tiver duas túnicas reparta com quem não tem, e quem tiver comida faça o mesmo* (Lc 3.11). Era uma sociedade de subsistência com muitas pessoas desesperadamente pobres. João disse que quem tivesse comida ou roupas sobrando deveria dividi-las com os necessitados.

Não intimidados, e aparentemente não satisfeitos com essa resposta, alguns cobradores de impostos vieram para ser batizados e perguntaram a ele: – *Mestre, o que devemos fazer?* (v.12). Pelo que sabemos dos cobradores de impostos, eles tinham mais do que o suficiente em comida e roupas, e pareciam concluir que havia mais coisas que deveriam fazer. Estavam certos, e João Batista logo mudou sua resposta: – *Não cobrem mais do que o estipulado* (v.13), ele lhes disse. Eles deveriam acabar com a injustiça. Era entendimento geral que eles podiam fazer o que quisessem da sua franquia de coleta de impostos, desde que o oficial romano recebesse o que havia pedido. O sistema foi criado para que eles tirassem seus meios de subsistência e suas despesas do excedente das receitas. João os desafiou a não usarem seu poder para tirar vantagem do povo.

Isso era contagiante. A ideia parecia estar se espalhando de que essa questão do arrependimento tinha implicações diferentes para pessoas diferentes. Alguns soldados também perguntaram a ele: – *E nós, o que devemos fazer?* (v.14). João foi ainda mais claro com eles. Disse-lhes três coisas: – *Não sejam prepotentes, não façam denúncias falsas e contentem-se com o salário que vocês recebem* (v.14). Os soldados frequentemente ficavam sem receber pagamento de seus oficiais por meses. O exército de ocupação atendia às suas necessidades vivendo da terra em que estavam. Eles tinham um poder extra porque estavam armados e podiam ameaçar as pessoas. João disse que arrependimento não significa negociar seu poder, nem por extorsão, nem arrastando as pessoas ao tribunal para acertar sua dívida. Mais do que isso, ele foi à raiz ao problema: *... contentem-se com o salário que vocês recebem* (v.14).

A dinâmica da confissão

E, confessando os seus pecados, eram batizados por ele no rio Jordão (Mt 3.6; Mc 1.5). Temos que imaginar que João organizava o batismo das pessoas de modo que elas confessavam seus pecados publicamente antes que ele as batizasse. Sem saber mais sobre a cultura das pessoas, é difícil imaginar isso. Podemos crer que era algo novo para quem estava perto o suficiente para ouvir a conversa entre João Batista e cada pessoa. Era contagiante. O povo, os cobradores de impostos e os soldados, todos tinham algo diferente em sua consciência e confessavam isso de maneira que João os entendia.

Pecados no trabalho

Aprendemos duas coisas aqui. Nosso comportamento em nosso local de trabalho está incluído na avaliação de Deus a nosso respeito, e há tentações específicas que são enfrentadas em diferentes tipos de emprego.

Nessas respostas, João Batista deu um sinal de que o Messias não se distanciaria da Lei de Deus dada por Moisés. Seus padrões seriam os mesmos. Isso foi salientado por outro confronto ousado que ele provocou.

Precisamos imaginar a cena. Multidões estavam descendo a encosta até o rio e se juntando à fila de pessoas que estavam tocadas o suficiente para ter esse tipo de arrependimento. Imagino que um dia, enquanto isso estava acontecendo, Herodes Antipas, o governante da Galileia, cavalgava com sua escolta em seu caminho entre dois de seus muitos palácios. Sua curiosidade foi despertada pela multidão, então ele se aproximou para ver o que estava acontecendo. Alguém chamou a atenção de João para o fato de que Herodes estava vindo. Todos pararam e tudo ficou silencioso esperando para ver o que aconteceria. Esse homem do alto escalão não fez pergunta alguma, mas isso não impediu que João Batista tivesse algo a dizer a ele. Ele denunciou publicamente Herodes por se casar com a esposa de seu irmão, entre muitas outras coisas más. Esta é a história.

Herodes Antipas

Herodes Antipas era o filho de Herodes, o Grande, que assassinou as crianças na tentativa de eliminar o menino Jesus como um potencial herdeiro ao seu trono. Ele herdou a província da Galileia depois da morte de seu pai. Era cruel, astuto e libidinoso como seu pai, mas, ao contrário dele, fraco na guerra e vacilante na paz. A respeito dele é dito que era um homem no qual estavam misturadas as piores características dos romanos, dos orientais e dos gregos.

Governantes locais, escolhidos por Roma, costumavam fazer frequentes visitas cerimoniais ao imperador em Roma. Durante uma dessas visitas,

16 — O padrão moral do Messias (Lc 3.11-20)

Antipas era convidado de seu irmão Herodes Filipe, outro filho de Herodes, o Grande, que estava morando em Roma como uma pessoa não pública. Herodes Antipas ficou envolvido pelas armadilhas de Herodias, a esposa de seu irmão, Filipe. Ele pagou a hospitalidade dada por seu irmão levando consigo a esposa dele. Tudo combinado para tornar o ato tanto detestável quanto traiçoeiro. Na tortuosa árvore genealógica de Herodes, Herodias também aparece como sobrinha de Antipas. Ela tinha uma filha com Filipe, Salomé, que agora era adulta.

Antipas foi casado por muitos anos com a filha de Aretas, emir da Arábia, e prometeu a Herodias, em seu retorno a Roma, fazer dela sua esposa. Ela exigiu dele uma garantia de que se divorciaria da sua inocente cônjuge, a filha do príncipe árabe. O povo ficou escandalizado e ofendido. Dissensões internas na família foram amargadas.

Esse foi o homem a quem João chamou, com sua voz retumbante, dizendo que não era lícito ele casar-se com a esposa do irmão, e continuou falando de uma série de outras maldades que ele havia cometido. Deve ter havido suspiros ansiosos da multidão. Quando a comitiva real galopeou indo embora, provavelmente houve um sentimento de que essa ação de João Batista resultaria em sérias consequências.

Crescente esperança

No meio de sua narrativa, Lucas afirma: *Estando o povo na expectativa, e pensando todos em seu íntimo a respeito de João, se por acaso ele não seria o próprio Cristo...* (Lc 3.15). Antipas não era uma governante popular. A visão de alguém se atrevendo a enfrentá-lo pode ter colocado ideias na cabeça de algumas pessoas. Talvez João fosse mesmo o Messias que realmente começaria a acertar as coisas em seu país. Não foi surpresa.

João, no entanto, não teria nada disso. Ele imediatamente disse a todos: – *Eu, na verdade, batizo vocês com água, mas vem aquele que é mais poderoso do que eu, do qual não sou digno de desamarrar as correias das suas sandálias; ele os batizará com o Espírito Santo e com fogo* (v.16). João não estava apenas sendo categórico sobre seu status inferior, mas sugeriu que havia outra bênção que o Messias iria trazer. Ele os batizaria com o Espírito Santo.

Como seus ouvintes entenderam isso, é difícil imaginar. É provável, no entanto, que seus pensamentos se voltassem a alguns de seus antepassados, sobre os quais foi dito que o Espírito veio: José, Moisés, Josué, Sansão, Davi, Isaías, Ezequiel, Daniel. Eles foram principalmente líderes, governantes ou profetas. Podem até ter pegado passagens que ouviram, lidas das Escrituras na sua sinagoga, escritas por Isaías, Ezequiel e Joel, que falavam de um derramamento mais geral do Espírito "sobre toda a humanidade", de acordo com Joel 2.28 e 29. Aquilo estava distante demais de suas experiências. Eles entenderiam, no entanto, que qualquer coisa sobre o Espírito seria sobre o que acontecia no coração das pessoas. João seria ouvido dizendo que o Messias transformaria o coração das pessoas e não apenas sua observância da Lei. A Lei era a fonte dos padrões morais que João pregava. A motivação para manter a Lei tinha que vir do Espírito Santo.

Esta foi outra primeira vez. João foi o primeiro a falar sobre o batismo do Espírito. O anjo Gabriel havia dito ao pai de João Batista que seu filho, nascido em sua velhice, seria cheio do Espírito Santo desde seu nascimento, e que, quando adulto, iria adiante do Senhor no Espírito e no poder de Elias. Lucas afirma sobre sua vida anterior no deserto que ele ficou mais forte no Espírito. João sabia pessoalmente mais sobre o Espírito do que seus ouvintes. Para eles ainda era algo para se esperar.

Repercussões

A pregação de João Batista invadiu uma instituição social quando pediu por ética na política de cobrança de impostos. Ele pode ter parecido uma ameaça à segurança do Estado quando falou sobre o comportamento dos militares. Por isso, algum tempo depois, Herodes Antipas enviou um destacamento de soldados para prender João e colocá-lo em uma prisão na fortaleza de Maquero, no deserto a leste do Mar Morto. Essa foi uma atitude altamente impopular, mas havia pouca coisa que as pessoas pudessem fazer a respeito disso. Mais tarde, quando o exército de Herodes sofreu uma humilhante derrota nas mãos de Aretas, seu antigo sogro, o povo disse que era o julgamento de Deus pelo modo como ele havia tratado João Batista.

17

A verdadeira origem do Messias
Mateus 3.13-17; Lucas 3.21s

Certo dia, depois que todas as pessoas foram batizadas, João viu uma figura familiar descendo a margem do rio em sua direção. Digo "uma figura familiar", mas não sabemos se Jesus e João haviam se encontrado antes daquele dia.

Mais tarde, João Batista contaria a alguns de seus discípulos que não sabia quem seria o Messias, mas Deus, que o enviara para batizar com água, havia dito que ele veria o Espírito descer e pousar em um homem, e este seria o escolhido (Jo 1.31-34). Isso significa que, ou João Batista conhecia seu primo em segundo grau, Jesus, mas não sabia nada sobre ele ser o Messias, ou não o conhecia. Se olharmos para tudo o que nos é dito nos Evangelhos, a primeira alternativa é a mais provável.

Sabemos que José, Maria e alguns de seus familiares iam todos os anos de Nazaré para Jerusalém para a festa da Páscoa. Parece provável que João, que morava no sul, também tenha sido levado à mesma festa e tenha procurado seus parentes do norte. Seria uma maneira natural de eles se encontrarem. Não sabemos o que pensavam um do outro, mas parece, pelo que se seguiu, que João ficou muito impressionado com Jesus.

Um candidato diferente

Então, em um final de tarde, João Batista viu essa figura familiar descendo a margem do rio em sua direção. Mateus indica que isso aconteceu logo depois do encontro de João com alguns fariseus e saduceus que tinham vindo para ser batizados, mas sem entender do que realmente se tratava.

Jesus apresentou a João um problema diferente. Quando ele pediu para ser batizado, João tentou fazê-lo mudar de ideia. – *Eu é que preciso ser batizado por você, e é você que vem a mim?"* (Mt 3.14). Algo em Jesus fez João tratá-lo de maneira diferente de todos os outros. Isso levanta uma questão interessante. O próprio João havia sido batizado? Ele batizou a si mesmo? Outros o fizeram?

Quando as Igrejas Batistas começaram na Inglaterra, em 1608, John Smyth, formado em Cambridge, batizou a si mesmo. Ele se convenceu sobre o batismo dos cristãos e foi para a Holanda encontrar pessoas dessa convicção para ser batizado por eles. Não conseguiu encontrar um grupo com as mesmas convicções que ele tinha, então batizou a si mesmo e saiu para batizar outros.

João Batista provavelmente não era batizado. Ele afirmava que Deus o enviara para batizar com água (Jo 1.33). Quando Jesus se aproximou, houve uma mudança acentuada de tom em João. Disse que ele próprio era quem necessitava de batismo. Isso parece indicar que João tinha alguma percepção de que Jesus era tão diferente de todas as outras pessoas que tinham vindo a ele que estava em uma categoria isenta especial.

Jesus, no entanto, era persistente e insistente, e ainda parecia reconhecer por que João tinha um problema. Ele disse: *"– Deixe por enquanto, porque assim nos convém cumprir toda a justiça"* (Mt 3.15). Então João concordou e batizou Jesus. Seguiu-se outra série de surpresas. Enquanto ele estava orando, o céu se abriu e o Espírito Santo desceu sobre ele fisicamente como uma pomba. E uma voz veio do céu: *– Este é o meu Filho amado, em quem me agrado* (v.17).

17 — A verdadeira origem do Messias (Mt 3.13-17; Lc 3.21s)

Frequentemente, temos uma imagem de uma pessoa antes de conhecê-la. Obtemos isso por meio de cartas, telefonemas, fotografias, coisas ditas por outras pessoas. Então, quando a encontramos pessoalmente, a pessoa pode ser bem diferente. Foi assim com João e Jesus. Vamos listar, na ordem em que ocorreram, as surpresas que vieram a João naquele dia importante.

Jesus queria ser batizado

Isso foi antes que João soubesse que Jesus era o Messias (Jo 1.33). O que fez João levantar uma objeção? Isso era muito diferente do tratamento direto e firme de João com qualquer outro que vinha até ele. Será que tinha a ver com a exigência de confissão? Será que ele apenas viu e sentiu que esta era uma pessoa excepcionalmente boa? Ele o interrogou e ficou mais surpreso com as respostas que mostraram que ele não havia pecado? Será que ele, na verdade, de contatos anteriores, o conhecia como uma pessoa excepcionalmente boa, que nem mesmo ele se aproximaria em caráter? Nós amaríamos ter respostas, mas tudo o que conseguimos dos Evangelhos neste ponto são mais perguntas.

Por que João disse: – *Eu é que preciso ser batizado por você, e é você que vem a mim?* (Mt 3.14). Será que ele, que havia batizado milhares, nunca havia sido batizado? Isso significava que ele se colocara diante de todos aqueles pecadores como uma pessoa à parte, mas desconfortável com isso? Foi quando Jesus parou na frente dele, que seu próprio pecado e necessidade de purificação vieram à tona e fizeram-no querer que Jesus o batizasse?

Seja qual for a explicação, foi um momento de grande choque e confusão para João. Jesus parecia no perfeito controle da situação e persuadiu-o a fazer o batismo explicando: *"... assim nos convém cumprir toda a justiça"* (v.15). A palavra-chave parece ser "toda". João estava claramente preocupado com a justiça, mas isso aparentemente estava fora do seu conceito de justiça.

Aqui começamos a ver a diferença entre João e Jesus. João era o não batizado que batizava e Jesus estava se tornando o Messias batizado. Até este ponto, João não havia pensado em ser batizado. Ele era quem batizava, o censor dos pecadores, não o companheiro pecador simpático. Assim, João começa a ser confrontado com as diferenças entre o Messias que ele estava imaginando e anunciando e o Messias real que Deus estava lhe mostrando.

Ele era sério. Jesus era simpático. João tinha o impulso de batizar outros. Jesus desejava ser batizado, como se fosse, ele mesmo, um pecador. Ele assumiu a posição de solidariedade com o pecador em vez da de crítico e juiz. Amor, e não indignação moral, estava guiando as ações de Jesus. Quando pensamos nisso, podemos realmente imaginar a inocência sendo tão consciente de si mesmo que adota uma política de se manter afastada dos pecadores? Certamente não!

O batismo de Jesus pode ter sido mal interpretado da mesma maneira que fazer companhia a cobradores de impostos e prostitutas. Ser mal compreendido serviu aos seus propósitos melhor do que a bajulação. É esta graça de identificação conosco que faz o "toda" que Deus pediu para a justiça. A ideia de justiça de João era, em última análise, limitada, severa e legalista. Ele não tinha entendido que o amor é o cumprimento da Lei. Sua segunda surpresa foi:

O Espírito era como uma pomba

Jesus orou enquanto era batizado. Ele estava em profundo contato com Deus. *E aconteceu que, enquanto ele orava, o céu se abriu, o Espírito Santo desceu sobre ele em forma corpórea como pomba* (Lc 3.21s). Essa foi a maneira pela qual Deus mostrou a João que Jesus era o Messias que lhe havia sido prometido. Isso deve ter contribuído para a sua confusão. Toda a linguagem de João nos mostra que o Espírito de vento impetuoso e fogo com julgamento como seu propósito era o que ele teria esperado. Em vez disso, ele viu o Espírito como uma pomba, como o pássaro que trouxe o galho de oliveira a Noé depois do juízo do dilúvio. Isso simbolizava o julgamento passado e o favor de Deus restaurado (Gn 8.9-19).

17 — A verdadeira origem do Messias (Mt 3.13-17; Lc 3.21s)

O Messias era o Filho de Deus e, ainda assim, um Servo

Enquanto João ainda estava lidando com aquele choque, outro estava a caminho. Uma voz falou do céu: – *Tu és o meu Filho amado, em ti me agrado* (Lc 3.22). Até aquele momento, isso havia sido revelado apenas particularmente a Maria, sua mãe, que seu filho seria *Filho do Altíssimo* (Lc 1.32). Agora era revelado publicamente a João por meio da abertura dos céus sobre o Jordão, da descida do Espírito como uma pomba e da voz que disse: "Você é meu filho querido. Estou feliz com você".

João Batista nos mostrou que estava muito familiarizado com o profeta Isaías. Ele viu a si mesmo como *voz do que clama no deserto. Preparem o caminho do Senhor, endireitem as suas veredas,* de Isaías 40 (Lc 3.4). Agora a voz se move para o que ele reconheceria como Isaías 42.1-3. O Ungido de Deus do Salmo 2 é o Servo do Senhor de Isaías 42, que *não clamará, não gritará, nem fará ouvir na praça a sua voz. Não esmagará a cana quebrada, nem apagará o pavio que fumega* (vs.2s).

Para ser sincero, João disse que aquele que viria seria grande e poderoso. Ele não seria nem mesmo qualificado para ser um escravo para as tarefas domésticas, que desamarraria as correias e tiraria as sandálias suadas de seus pés. Ainda assim, mais tarde ele mesmo pegaria a bacia e lavaria os pés dos seus discípulos. Poderia ele ter sido mais diferente?

Jesus era o Messias

Embrulhada nessa avalanche de revelações veio a surpresa central para João Batista. Ele tinha visto o Espírito descer sobre Jesus. O primo Jesus era o Messias! Mais tarde, Jesus deu uma dica do que significou ser batizado. Ele falou de sua morte como sendo o batismo com o qual estava para ser batizado (Mc 10.38). Você não pode ter identificação mais próxima com pecadores do que carregar seus pecados na cruz. João estava aprendendo rápido enquanto entrava no rio Jordão com Jesus.

Conclusão

Foi um dia de surpresas, até mesmo de choques, para João, mas um dia de grande alegria para nós. Se estamos sofrendo nas mãos de tais profetas austeros que nos descrevem como João fez, como cobras fugindo, vamos criar coragem. Se nossa consciência nos faz estremecer ao pensar no machado batendo na base de nossa árvore infrutífera, precisamos ser encorajados. Se estamos alarmados porque temos visto nossas vidas sendo sopradas como palha ao vento, foi apenas para preparar o caminho para um Senhor mais gentil do que imaginávamos. Nós o encontramos, no começo do seu ministério, parado ao nosso lado no nosso Jordão. Ele é simpático conosco, pronto para trabalhar e viver por nós. Com o tempo ele morrerá por nós, ressuscitará para estar para sempre ao nosso lado, até que nos transforme no que ele quer que sejamos. Vamos crer em seu amor e confiar na sua morte por nós. Vamos começar a fazer a mudança e segui-lo, como alguns dos discípulos de João fizeram na época, encontrando uma fé mais motivadora e uma vida mais completa do que haviam experimentado seguindo João.

João encontrou Jesus e reconheceu que ele era o Messias, relutantemente, como veremos no restante da história. Alguns de seus seguidores decidiram ficar com João até muito depois de sua morte. Eles se agarraram à sua mensagem rigorosa e não sabiam nada sobre ser batizado com o Espírito. Nós também podemos fazer isso, e muitos fazem. Podemos até conhecer algumas pessoas muito julgadoras. Hoje, deixemos João nos apresentar ao seu Messias inesperado e nós também seremos transformados, porque ninguém pode encontrá-lo e permanecer o mesmo.

18
Testemunha do Messias
João 1.6-9, 15, 19-37; 3.22-30; 5.33-36; 10.40s

Tempo para reflexão

A experiência quando João batizou Jesus deve ter sido importante para eles. Inevitavelmente, deve ter havido longas conversas entre os dois primos. Ambos precisavam de tempo para pensar e processar esse evento impressionante.

Jesus foi inspirado pelo Espírito, que havia descido sobre ele quando saiu da água, a ir para o sul, ao deserto, para refletir. Eu poderia imaginar que João o aconselhou a fazer isso, pois conhecia os benefícios da reclusão no deserto melhor do que ninguém. Se ele o fez, então o Espírito também disse "vá" e ele foi.

Foi um período de tentação. Jesus realmente tinha que lutar com o que iria fazer agora que Deus havia falado com ele. Que diferença fez ou deveria fazer? O que ele deveria fazer em seguida? O que deveria fazer mais tarde? Ele falou sobre isso mais tarde e disse a seus discípulos que a tentação veio do inimigo por três caminhos. A primeira foi a tentação de usar indevidamente seu poder de Filho de Deus para gratificação pessoal. Ele repudiou isso. Foi tentado a se engajar em exibições públicas para hipnotizar as pessoas. Ele recusou. Foi-lhe apresentada a possibilidade de conseguir poder internacional e de governar mais do que o desfrutado pelo Imperador Romano se comprometesse sua lealdade a Deus, seu Pai. Isso o deixou indignado (Mt 4.1-11; Lucas 4.1-13).

Para João Batista, durante as cinco ou seis semanas em que Jesus estava no deserto, foi um tempo de refletir sobre a revelação que lhe foi dada enquanto esteve com Jesus nas águas do Jordão. Ele estava acostumado a refletir. Era próximo de Deus. Está claro, pela sequência, que ele continuou no local secreto, esperando em Deus para descobrir tudo o que isso significava.

Estamos em dívida com João, o apóstolo, pelo relato do que aconteceu a seguir. Ele mesmo esteve presente. Mais tarde, quando sentiu que deveria completar o que os três primeiros evangelistas haviam escrito, decidiu que essa lacuna entre o batismo de Jesus e o aprisionamento de João Batista por Herodes deveria ser preenchida.

Interrogatório pelas autoridades

Claramente, a palavra sobre as atividades de João Batista foi levada de volta a Jerusalém, a capital. Não nos surpreenderíamos se Herodes Antipas, indignado por ter sido censurado por João pelo seu adultério, enviasse pessoalmente uma mensagem aos principais sacerdotes de que algo precisava ser feito a respeito de João. Ele poderia muito bem alegar que João estava sendo subversivo.

De onde quer que tenha vindo o aviso, as autoridades judaicas em Jerusalém enviaram alguns sacerdotes e levitas para interrogar João. Se fossem idosos o suficiente, alguns deles poderiam ter conhecido o pai de João, Zacarias, que tinha servido como sacerdote no templo em Jerusalém trinta anos antes. A intenção desse interrogatório era examinar suas referências. Eles perguntaram: *"Quem é você?"* (Jo 1.19). João percebeu o que eles queriam e abriu-se com eles. – *Eu não sou o Cristo. Diante disso, lhe perguntaram: – Quem é você, então? Você é Elias?* (vs.20s). Havia uma profecia no Antigo Testamento de que alguém parecido com seu antigo profeta, Elias, viria a fim de preparar o caminho para o Messias (Ml 4.5). Eles se perguntaram se João não seria o profeta Elias disfarçado. João respondeu novamente negando.

Eles então mudaram para uma profecia mais antiga, de que Deus um dia mandaria um profeta como um segundo Moisés (Dt 18.18). – *Você é o profeta?*, eles perguntaram (Jo 1.21). Novamente ele negou. Irritados, eles exigiram: – *Diga quem é você, para podermos dar uma resposta àqueles que nos enviaram* (v.22). João deu-lhes a mesma resposta que dava a todos, citando o profeta Isaías: – *Eu sou "a voz do que clama no deserto: Endireitem o caminho do Senhor"* (v.23). Eles não foram os mais sábios.

Eles tomaram outro rumo: – *Então por que você batiza, se não é o Cristo, nem Elias e nem o profeta?* (v.24). A essa pergunta João respondeu: – *Eu batizo com água, mas no meio de vocês está alguém que vocês não conhecem. Ele vem depois de mim, mas não sou digno de desamarrar as correias das suas sandálias* (vs.26s).

Uma torrente de revelações

Tudo isso aconteceu no último dia antes de Jesus voltar do deserto, tendo saído ileso das tentações. No dia seguinte, João viu Jesus vindo em sua direção, voltando do deserto. Ele apontou e subitamente, disse: – *Eis o Cordeiro de Deus, que tira o pecado do mundo! Este é aquele a respeito de quem eu falava, quando disse: "Depois de mim vem um homem que é mais importante do que eu, porque já existia antes de mim". Eu mesmo não o conhecia, mas vim batizando com água a fim de que ele fosse manifestado a Israel. E João testemunhou, dizendo: – Vi o Espírito descer do céu como pomba e pousar sobre ele. Eu não o conhecia; aquele, porém, que me enviou a batizar com água me disse: "Aquele sobre quem você vir descer e pousar o Espírito, esse é o que batiza com o Espírito Santo". Pois eu mesmo vi e dou testemunho de que ele é o Filho de Deus* (Jo 1.29-34).

João como testemunha

O Evangelho de João apresenta João Batista como a primeira testemunha de Jesus Cristo (Jo 5.33-35). O conteúdo de seu testemunho é maravilhoso e mostra que as seis semanas em que Jesus esteve no deserto sendo tentado permitiram a João entender muitas coisas e chegar a conclusões surpreendentes.

O Filho de Deus

Não nos surpreende que ele devesse testemunhar o fato de que Jesus era o Filho de Deus. Foi isso que a voz do céu havia dito. No entanto, nós damos a isso o peso merecido? Se nos fosse perguntado: "Quem foi o primeiro a confessar que Jesus era o Cristo, o Filho de Deus?", a maioria de nós provavelmente diria: "Pedro, em Cesareia de Filipe", mas estaríamos errados. Foi João Batista. Mais do que isso, porém, ele mostrou as implicações desse fato afirmando duas vezes que Jesus já existia antes que ele, João Batista, tivesse nascido. João dá testemunho a respeito dele e exclama: – *Este é aquele de quem eu dizia: "Ele vem depois de mim, mas é mais importante do que eu, pois já existia antes de mim"* (Jo 1.15,30). Ele declara a preexistência de Deus.

Não é por acaso que João, em seu Evangelho, entrelaça a história de João Batista com seu prólogo altamente teológico. Aprendemos mais tarde, no capítulo 1, que o apóstolo João era um discípulo de João Batista e que foi ele quem o apresentou a Jesus (Jo 1.35-37). Então, sua abertura imponente: *No princípio era o Verbo, e o Verbo estava com Deus, e o Verbo era Deus. Ele estava no princípio com Deus,* remonta à descoberta de João Batista dessa verdade no período depois que ele batizou Jesus (Jo 1.1s).

18 — Testemunha do Messias (Jo 1.6-9,15,19-37; 3.22-30; 5.33-36; 10.40s)

O Cordeiro de Deus

Em alguns cultos, as pessoas dizem três vezes: "Cordeiro de Deus que tira o pecado do mundo, tenha misericórdia de nós!" De onde vieram essas palavras? De João Batista. Elas não estão em nenhum outro Evangelho. Paulo e Pedro, em todas as suas cartas, tiveram esse pensamento sobre Jesus apenas uma vez (1Co 5.5; 1Pe 1.19). Jesus é chamado de Cordeiro aproximadamente 40 vezes no Apocalipse.

Uma vez que João Batista já falava muito antes da crucificação de Jesus, ele deve ter obtido seu conhecimento do profeta do Antigo Testamento, Isaías, em cujas palavras articulou seu próprio chamado (Is 40.3-5). *Mas ele foi traspassado por causa das nossas transgressões e esmagado por causa de nossas iniquidades; o castigo que nos traz a paz estava sobre ele, e pelas suas feridas fomos sarados. Todos nós andávamos desgarrados como ovelhas; cada um se desviava pelo seu próprio caminho, mas o* Senhor *fez cair sobre ele a iniquidade de todos nós. Ele foi oprimido e humilhado, mas não abriu a boca. Como cordeiro foi levado ao matadouro e, como ovelha muda diante dos seus tosquiadores, ele não abriu a boca* (Is 53.5-7).

A Luz do mundo

Mateus nos dá essa metáfora sobre Jesus e isso se torna um tema recorrente no Novo Testamento. No entanto, quando voltamos ao Evangelho de João, vemos que o conceito se originou em João Batista. *Houve um homem enviado por Deus, o nome dele era João. Este veio como testemunha para testificar a respeito da luz, para que todos viessem a crer por meio dele. Ele não era a luz, mas veio para dar testemunho da luz, a verdadeira luz, que, vinda ao mundo, ilumina toda humanidade* (Jo 1.6-9).

O próprio João Batista é descrito como uma *lâmpada que estava acesa e iluminava* (Jo 5.35), antecipando o fato de que Jesus disse que seus discípulos também seriam a luz do mundo (Mt 5.14-16).

O Noivo

Jesus é chamado de "noivo" e sua igreja, de sua "noiva" em algumas partes do Novo Testamento. O primeiro a usar esse termo foi João Batista. Foi em uma ocasião em que alguns discípulos de João reclamaram com ele sobre a popularidade de Jesus. Com grande modéstia e respeito, respondeu: – *Ninguém pode receber coisa alguma se não lhe for dada do céu. Vocês mesmos são testemunhas de que eu disse: "Eu não sou o Cristo, mas fui enviado como o seu precursor. O que tem a noiva é o noivo; o amigo do noivo que está presente e o escuta se alegra muito por causa da voz do noivo. Pois essa alegria já se cumpriu em mim. Convém que ele cresça e que eu diminua"* (Jo 3.27-30).

O Espírito Santo

Já vimos que João Batista é aquele que anuncia a chegada iminente da nova época do Espírito Santo. Ele disse que Jesus batizaria seus seguidores genuínos com o Espírito Santo e profetizou o dia de Pentecostes três anos antes de seu acontecimento.

Há tantos novos comentários sobre a teologia de João que um comentarista bastante frio teve que escrever: "Se algum homem pudesse, historicamente falando, ser considerado indispensável no início do movimento que chamamos de Cristianismo, este homem seria João Batista". Ele é o primeiro a falar sobre o Reino do Céu. Tantas ideias que são comuns para nós como cristãos, recebemos, na verdade, de João Batista.

Ele foi um verdadeiro precursor, preparando o caminho, semeando as sementes da nova verdade que, tendo germinado depois que as plantou, deram frutos na vida e no trabalho de Jesus e na história da Igreja. Ele era original. Não era cópia. Um escritor disse: "João Batista colocou em ação uma dinâmica muito mais importante do que Herodes jamais poderia ter imaginado". O movimento que ele começou acabou por abalar as fundações do próprio Império. A figura de João Batista permanece no início do Cristianismo, para

18 — Testemunha do Messias (Jo 1.6-9,15,19-37; 3.22-30; 5.33-36; 10.40s)

o bem ou para o mal, para dirigir a dissolução do Império e, curiosamente, para preservar a herança daquele Império por quase dois mil anos. Foi mais do que uma luta individual com Deus, por mais profunda que possa ser. Foi a luta de um povo que enfrentou a si mesmo de tal maneira que estabeleceu um curso de acontecimentos que, mesmo no século 21, não chegou à plenitude do tempo.

Há uma observação irônica que precisa ser ouvida no Evangelho de João. É uma declaração das pessoas que moravam em um dos lugares nos quais João havia batizado três anos antes. – *João não fez nenhum sinal, mas tudo o que ele disse a respeito deste homem era verdade* (Jo 10.41).

Ficamos impressionados com a rapidez com que a teologia de João se tornou completa. Seu trabalho durou apenas seis meses, no entanto, quase tudo o que acreditamos como cristãos já estava lá em estado embrionário. Ele era implicitamente trinitariano: assim que afirmou que Jesus era o Filho de Deus, ele indicou "o Pai". No batismo de Jesus, temos a voz do Pai vinda do céu, a presença do Filho no rio e o Espírito descendo como uma pomba. É um grande mistério, assim como Deus deve ser para meros homens, mas o mistério é sugerido em primeiro lugar por João.

Ele estava ganhando uma perspectiva de mundo bem diferente das ideias étnicas que controlavam seu povo naquela época. *... e toda a humanidade verá a salvação que vem de Deus* (Lc 3.6). *Eis o Cordeiro de Deus, que tira o pecado do mundo!* (Jo 1.29). Embora fosse judeu e filho de sacerdote, ele não tinha um judaísmo estreito. Viu o mundo todo como objeto do trabalho de Deus para a salvação.

Ele tinha uma ideia mais completa das necessidades do homem. A humanidade estava condenada como pecadora para o julgamento de Deus; todos precisavam confessar seus pecados, arrepender-se deles, ser batizados e viver uma vida consistente com esses passos.

19
O Reino de Deus
Mateus 11.1-19; Lucas 7.18-35

Uma coexistência desconfortável

Em Betânia, além do Jordão, João Batista apresentou Jesus como o Messias e o Cordeiro de Deus para alguns dos seus próprios discípulos. Ele não levantou objeção alguma quando eles pareceram estar mais interessados em Jesus do que nele (Jo 1.28-42). Ele mesmo não seguiu Jesus, mas continuou seu trabalho com os seus próprios discípulos. Não sabemos se ele se referiu a Jesus publicamente como o Messias. O que sabemos é que falou sobre Jesus particularmente de maneira positiva (Jo 3.25-30; 4.1-2). João Batista e seus discípulos atuavam principalmente no Sul, na Judeia.

Quando Jesus e seus discípulos estavam na mesma área, houve sinais de atritos entre os dois grupos de discípulos. Houve uma tensão natural quando Jesus pareceu ser mais popular e atrair mais pessoas para serem batizadas. Quando Jesus soube da tensão, retirou-se para o norte (Jo 1.43; 4.3).

Os discípulos de João jejuavam frequentemente e viviam uma vida austera, mas os discípulos de Jesus não (Mc 2.18-22). João ensinou seus discípulos a orar, mas não sabemos como (Lc 11.1). Sabemos que, quando os discípulos de Jesus lhe pediram para fazer o mesmo, ele lhes ensinou o que conhecemos como oração do Pai Nosso. Poderia João ter orado a oração do Pai Nosso? Provavelmente a maior parte dela, mas talvez não a parte sobre perdoar como perdoamos aqueles que pecam contra nós. João não fez milagres (Jo 10.40-41), ao passo que Jesus, desde o início, fez coisas maravilhosas acontecerem.

Se seguirmos o relato do Evangelho de João, veremos que Jesus se tornou conhecido na purificação do templo. Ele falou com líderes como Nicodemos e pôs a mulher Samaritana e os habitantes de sua cidade no reto e estreito caminho da salvação. Isso deve ter agradado João, caso ele tenha ouvido essas coisas, e parece que seus próprios discípulos se certificavam que ele ouvisse. O que ele deve ter pensado sobre Jesus ter transformado água em vinho no casamento ou curado o filho do funcionário do governo talvez tenha sido outro assunto.

Os discípulos de João continuaram após sua morte. Eles ainda estava por lá até anos mais tarde. Apolo conhecia apenas o batismo de João, e ele havia sido criado em Alexandria, no Egito. Outros doze foram encontrados por Paulo, em Éfeso, longe do Jordão (At 18.25; 19.3). Isso parece indicar que nem todos os discípulos de João receberam a mensagem sobre Jesus.

Na prisão pelo capricho de uma mulher

Com o tempo, Herodes Antipas, sob pressão de Herodias, sua esposa, colocou João Batista na prisão (Lc 3.20). Josefo, o historiador judeu, nos conta que a prisão era na sombria fortaleza de Maquero, que ficava em uma cordilheira isolada, rodeado por desfiladeiros terríveis, com vista para o lado leste do Mar Morto. Era uma das mais solitárias, sombrias e invulneráveis fortalezas do mundo.

Então, João Batista, nosso espírito livre, que se sentia em casa vagando no deserto, foi confinado em um calabouço. O pássaro estava engaiolado. O profeta foi silenciado depois de apenas poucos meses de trabalho emocionante e bem-sucedido. Em vez de milhares de pessoas se aglomerando em torno dele no Jordão, seu único público era Herodes, que o chamava de tempos em tempos para conversar. João continuava dizendo a Herodes que não era certo ele estar casado com a mulher do seu irmão (Mc 6.18).

A restrição da prisão e a constante ameaça de morte de Herodias deve ter sido intolerável, pois o trabalho de João Batista mal havia começado. Ele havia esperado e se preparado por trinta anos e tudo que teve foram cerca de seis meses de ministério público. Então, pelo capricho de uma mulher que não gostou do que ele disse, foi silenciado e confinado em uma cela solitária.

Notícias de fora

Seus discípulos o visitaram na prisão e levaram notícias, especialmente sobre Jesus. Podemos reconstruir o conteúdo desses relatos a partir dos capítulos de Mateus 4 a 10, Marcos 1.14; 6.14 e Lucas 4 a 7. Quando soube que João Batista estava na prisão, Jesus começou a pregar na Galileia. Ele chamou seus discípulos e começou a ensinar a eles e ao povo o que conhecemos como "O Sermão do Monte". As bem-aventuranças devem ter sido difíceis para João engolir, sem mencionar amar os inimigos e não julgar as pessoas. Ele ouviu sobre leprosos sendo curados, o homem endemoninhado na sinagoga sendo liberto, o servo do centurião e a mulher com hemorragia sendo curados, a filha de Jairo ressuscitando, o paralítico que desceu pelo telhado sendo perdoado e saindo andando, o gadareno endemoninhado sendo liberto. Isso tudo era muito confuso para João.

Obviamente, grandes coisas estavam acontecendo e grande poder estava sendo revelado, mas para onde tudo isso estava levando, sendo que Jesus ensinava coisas tão estranhas? Por que ele não visitava João na prisão e por que alguns de seus poderes óbvios não poderiam ser empregados para tirá-lo de lá?

As dúvidas de João

Dúvidas começaram a assaltar João Batista. Ele estava na prisão sem nada para fazer. Estava sendo muito superado em popularidade por outro homem. Não parecia que aquilo pelo que ele tinha trabalhado estivesse mais perto. Nenhum Reino de Deus estava sendo estabelecido, nenhuma grande onda de julgamento havia sido incitada pelo Messias.

A última gota parece ter sido a ressurreição do filho da viúva de Naim (Lc 7.11-17). João decidiu que precisava de respostas, então enviou dois de seus discípulos para perguntar a Jesus se ele era aquele que estaria para vir, ou se eles deveriam esperar por outro? João Batista estava tendo dúvidas sobre Jesus. Agora ele não tinha mais certeza de que Jesus fosse o Messias. Isso deve ter sido uma agonia para ele. Sempre é quando dúvidas nos assaltam, e isso acontece, mesmo para os mais cuidadosamente escolhidos servos do Senhor.

João fez a coisa certa. Ele dirigiu suas dúvidas na direção certa. Levou-as ao próprio Jesus. Isso foi sábio. Frequentemente, as dúvidas nos distanciam das pessoas e das práticas que nos ajudariam, como a oração, a Bíblia e os amigos cristãos. Guardar as dúvidas para nós mesmos apenas agrava o problema. É melhor expô-las e procurar uma resposta de alguém que possa ajudar, do que escondê-las de maneira acanhada.

A dúvida é a companheira normal do desenvolvimento da fé. Há momentos em que Deus nos permite ser testados para provar se nossa fé está somente nele. Se a dúvida não for resolvida logo, então, às vezes, as perguntas tornam-se mais importantes do que as respostas. É um tipo de hipocondria intelectual. Hipocondria é quando a doença se torna mais importante para a pessoa do que a cura. Hipocondríacos gostam de ter problemas de saúde. João foi sábio ao enviar sua dúvida e seu medo a Jesus.

A resposta de Jesus

Quando ouviu a pergunta de João, Jesus parece ter continuado a fazer as mesmas coisas sobre as quais João tinha ouvido. Então, disse aos discípulos de João que lhe contassem tudo o que tinham visto e ouvido. Ele deu sua resposta em palavras que João pudesse reconhecer de Isaías, seu profeta favorito. *Então se abrirão os olhos dos cegos, e se desimpedirão os ouvidos dos surdos* (Is 35.5). *O Espírito do SENHOR Deus está sobre mim, porque o SENHOR me ungiu para pregar boas-novas aos pobres* (Is 61.1).

De fato, Jesus estava dizendo: "O que estou fazendo é coerente com as profecias sobre o Messias". Era uma resposta bíblica. Ele estava mostrando a João, como mais tarde mostrou aos seus próprios discípulos, que o lugar para onde se dirigir na dúvida são as Escrituras (Lc 24.27). Precisamos observar que Jesus não foi pessoalmente até João Batista nem trabalhou por sua libertação. Na citação de Isaías 61, ele deixa de fora a segunda parte do texto que fala de anunciar libertação aos cativos e liberdade àqueles que estão presos.

Não sabemos se João ficou tranquilizado ou não. Podemos pensar que, se fôssemos João Batista, as respostas que os discípulos trouxeram poderiam servir apenas para levantar ainda mais perguntas. No entanto, essa foi toda a resposta que João recebeu. O que Jesus estava fazendo se encaixava nas profecias sobre o Messias. Ele então acrescentou um comentário bastante negativo: *"E bem-aventurado é aquele que não achar em mim motivo de tropeço"* (Lc 7.23).

Isso soa como uma ferroada na cauda. Poderia ser somente uma triste reflexão, um suspiro de arrependimento por um amigo valioso ter encontrando dificuldades de entender seu papel. Isso aconteceu muitas vezes. Savonarola (1452-1498), o impetuoso reformador italiano, vacilou na prisão em Florença e foi executado por heresia. Jerônimo de Praga (1371-1416), o reformador Boêmio, foi colocado na prisão em Constance e teve suas dúvidas lá, antes de ser queimado como um herege. Lutero foi um homem cuja coragem, como a de João Batista, permitiu que eles permanecessem infalíveis diante de conselhos raivosos e reis ameaçadores. Apesar de ter sobrevivido às restrições impostas a ele no castelo de Wartburg, teve fantasias lá que agitaram e torturaram seu espírito ardente.

A estima de Jesus por João

Quando os discípulos de João Batista partiram, Jesus começou a falar ao povo sobre ele. É como se, tendo falado algo que estava aberto a mais de uma interpretação, ele quisesse corrigir qualquer falsa impressão de que João tivesse caído em sua estima.

Ele lançou uma pergunta cáustica aos presentes, entre os quais havia muitos que tinham ido ouvir João pregar e vê-lo batizar as pessoas no Rio Jordão: "– *O que vocês foram ver no deserto? Um caniço agitado pelo vento? O que vocês foram ver? Um homem vestido de roupas finas?*" (Lc 7.24s). Era uma pergunta retórica que esperava a resposta: "Não!" Era ridículo.

Então ele mesmo respondeu: "– *Os que se vestem bem e vivem no luxo moram nos palácios reais*" (v.25). Ele continuou com um desafio genuíno para que lhe dissessem se não tinham realmente ido lá para ver e ouvir um autêntico e austero profeta. Presumindo que tenham concordado, ele prossegue com o assunto e dá seu próprio veredicto: "– *Sim, eu lhes digo, e muito mais que um profeta*" (v.26). Ele continua afirmando seu próprio endosso e reforço da visão deles, dizendo que João Batista era a pessoa predita pelos profetas Malaquias e Isaías, que precederia e prepararia o caminho para o Messias. Na verdade, ele disse que João Batista foi o maior profeta que já viveu.

João Batista e o Reino de Deus

Ambos, João e Jesus disseram: "– *Arrependam-se, porque está próximo o Reino dos Céus*" (Mt 3.2; 4.17). Nesse episódio, ficou claro que João tinha uma ideia diferente de Jesus acerca do Reino de Deus. Jesus salientou isso quando falou

19 — O Reino de Deus (Mt 11.1-19; Lc 7.18-35)

ao povo. Ele lhes disse que, na época de João, houve um movimento poderoso em direção ao Reino de Deus. O movimento teve seu impulso inicial de João Batista. Ninguém poderia ter feito melhor, mas ele era o fim da linhagem, começando com Moisés, incluindo Elias e indo até Malaquias. Tendo dito isso, Jesus usa a oportunidade para dar uma nova essência ao único outro título que havia recebido em seu nascimento: um "Rei como Davi" (Lc 1.32). Ele deixa claro que João era o final da linhagem, e que o Reino é algo diferente e ainda a ser inaugurado.

Jesus sugere que João não estava no Reino e, então, a pessoa menos importante que realmente estava nele, tinha uma grande vantagem sobre João Batista. A severidade moral de João era sua grandeza e também sua fraqueza. Ela o levou a duvidar de Jesus e fez dele um contraste, em vez de um exemplo, do que era o Reino de Deus (Lc 7.28).

Jesus, então, direcionou seus comentários à multidão. Ele disse que eram como dois grupos de crianças que discordavam sobre qual jogo todos jogariam. Eles chamaram João Batista de louco, porque era muito austero. Chamaram o próprio Jesus de glutão e bêbado, porque ele comia e bebia normalmente, e tinha companhias que eles desaprovavam. Em outras palavras, eles estavam em cima do muro e não responderam a nenhum deles, mas o tempo mostraria a verdade a respeito do assunto.

O papel de João Batista, então, era duplo. Ele mostrou quem era o Messias e o que o Reino não era. Isso foi, sem dúvida, difícil para João suportar na escuridão da sua prisão, especialmente por não lhe ter sido dado o encorajamento das coisas positivas que Jesus havia dito sobre ele. Nem sempre sabemos o quão positivo Deus é sobre nós. Talvez seja somente no final que ouviremos: *"Muito bem, servo bom e fiel"* (Mt 25.21).

20
A morte de João Batista
O prenúncio final
Mateus 14.1-12; Marcos 6.14-19; Lucas 9.7-9

Os mensageiros retornaram com a resposta de Jesus à pergunta de João. Não sabemos se ele se sentiu encorajado por ela ou não, pois não há mais notícias dele. Herodes fez aniversário logo depois e João Batista foi executado. É uma história trágica.

O aniversário da vingança

Que cena foi aquela! Herodes tinha organizado as comemorações de seu aniversário em Maquero ou em algum palácio vizinho. Todos os principais funcionários do governo, os comandantes militares e os cidadãos mais importantes da Galileia foram convidados para sua festa. Podemos imaginar a extravagante ostentação. Não faltou nada do que a riqueza ou a realeza pudesse obter. Mas Herodias tinha, habilmente, providenciado ao rei um prazer inesperado e empolgante. O banquete havia terminado. Os convidados estavam cheios de comida e corados pelo vinho. A própria Salomé, filha de Herodias, estava no auge de sua juventude e beleza. Ela entrou e dançou, e agradou a Herodes e a seus convidados. Então o rei disse à garota, no delírio de sua aprovação embriagada: – *Peça o que quiser, e eu lhe darei. E fez este juramento: – O que você me pedir eu lhe darei, mesmo que seja a metade do meu reino* (Mc 6.22s).

Ela saiu e foi perguntar à mãe: – O que pedirei? (v.24) Era exatamente o que Herodias esperava. Ela poderia pedir vestidos, joias, palácios ou qualquer coisa que uma mulher como ela ama. Mas para uma mente como a dela, a vingança era mais doce do que a riqueza ou o orgulho. Podemos imaginar com que crueldade Herodias sussurrou sua resposta: – *A cabeça de João Batista* (v.24). A garota voltou rapidamente ao rei e exigiu imperiosamente: – *Quero que, sem demora, o senhor me dê num prato a cabeça de João Batista* (v.25).

Será que Herodias achou que seu pedido seria recebido com uma gargalhada? Se sim, ela ficou decepcionada. Isso deixou o rei muito triste, mas ele não poderia recusar por causa do juramento que havia feito diante de todos os seus convidados. Então, imediatamente, enviou um guarda com ordens para trazer a cabeça de João. O guarda saiu, foi até a prisão e cortou a cabeça de João Batista. Depois trouxe-a em um prato e entregou-a à garota, que a deu a sua mãe.

Aqui entra a vingança. O homem que jogou com João Batista, ouvindo-o e se afastando repetidamente, agora está preso na rede da luxúria que João havia condenado. O que antes o havia jogado nos braços de Herodias agora fez dele o relutante, mas inevitável carrasco de João. Herodias conhecia seu homem e planejou isso com perfeição. O prato principal da festa de aniversário acabou sendo o primeiro mártir da fé em Cristo.

João Batista é pranteado

A tradição nos diz que Herodias ordenou que o corpo sem a cabeça fosse lançado sobre os muros da fortaleza para os cães e abutres devorarem. O registro do Evangelho é que *então vieram os discípulos de João, levaram o corpo e o sepultaram; depois, foram e anunciaram isso a Jesus* (Mt 14.12). Quando

20 — A morte de João Batista - O prenúncio final (Mt 14.1-12; Mc 6.14-19; Lc 9.7-9)

Jesus ouviu isso, seu instinto foi ir sozinho para algum lugar. Podemos compreender. Era um momento grave. Quando as pessoas o alcançaram, Marcos diz que Jesus as viu *como ovelhas que não têm pastor* (Mc 6.34), e seu coração se encheu de compaixão por elas. Será que ele estava pensando em João?

O remorso de Herodes

Mais tarde, quando a reputação de Jesus começou a se espalhar por todos os lugares, Herodes ouviu falar sobre isso. *E alguns diziam: "João Batista ressuscitou dentre os mortos e, por isso, forças milagrosas operam nele". (Mc 6.14). Outros diziam: "É Elias". Ainda outros diziam: "É profeta como um dos antigos profetas". Herodes, porém, ouvindo isto, disse: – É João, a quem eu mandei decapitar, que ressuscitou* (Mc 6.14-16). O que ele havia feito o assombrou para o resto de sua vida.

O verdadeiro precursor

Há uma parábola aqui. João Batista havia anunciado avisos de julgamentos terríveis, com voz de trombeta nos ouvidos de milhares de pessoas. Ele terminou como vítima de um final tão cinzento quanto se possa imaginar. E, ainda assim, não foi um fracasso. Na verdade, foi um modelo. O mundo deve ser vencido por vítimas que são fiéis até a morte, mais do que por vitoriosos que estão sempre florescendo na vida.

Observamos que, antes de sua última viagem a Jerusalém, Jesus voltou para onde João batizava (Jo 10.40s). Ainda havia conversas sobre João, dois anos mais tarde. Temos a sensação de que Jesus estava se preparando para o que estava por vir para ele. Foi ali que ele demorou dois dias antes de responder aos apelos desesperados de Marta e Maria para ir curar seu irmão Lázaro, que estava doente. Ele precisava de tempo para tirar forças da memória de João.

Sabemos que ele ainda estava comparando a si mesmo e sua recepção com a de João Batista na última semana de sua vida. Ele foi desafiado a respeito da autoridade pela qual agia. Sua resposta foi lhes perguntar sobre João Batista e sua autoridade, obviamente sentindo que estava indo pelo mesmo caminho para ele. Assim, quando Pedro e os outros foram de pouca ajuda para ele em seu julgamento e sofrimento, a memória de João estava lá para fortalecê-lo. Também temos a sensação de que a sombra de João está por perto, quando Jesus é levado diante de Herodes e permanece em impassível silêncio. Ele sabia o que esperar do carrasco de João. Não havia nada a dizer.

Assim, João não apenas deu forma ao Reino nas suas roupas e comida. Ele lhe deu forma em sua morte. Mesmo antes da cruz, demonstrou a verdade do grão de trigo que tem que cair no chão e morrer, para que haja algum fruto.

O primeiro sinal do Reino

Jesus disse aos judeus, em Jerusalém, que *João era a lâmpada que estava acesa e iluminava* (Jo 5.35). Ele era o arauto do amanhecer. Marcos, Lucas e João o colocaram em seu primeiro capítulo. Mateus deixou claro que o ministério público de Jesus começou com João Batista.

Quando eles estavam procurando um apóstolo para substituir Judas, teria que ser alguém que tivesse estado com eles desde o batismo de João. Nos sermões em Atos, João Batista é novamente o ponto inicial na conversa sobre Jesus (At 10.37; 13.24s). Nós vimos que luz brilhante ele foi. Todavia, João, o apóstolo, disse que: *Ele não era a luz, mas veio para dar testemunho da luz* (Jo 1.8).

Sumário

As conquistas de João Batista estão bem resumidas nas palavras de Lucas, com uma mudança de palavra. A esperança do "povo" começou a surgir e eles começaram a se perguntar se João talvez fosse o Messias (Lc 3.15). Ele fez isso moldando um estilo de vida surpreendente e alternativo. Ele deu voz às esperanças e aos medos do povo. Estava aberto para Deus e anunciou progressivamente o que Deus havia lhe falado sobre o Messias. Colocou em palavras as percepções que o povo sabia, mas não conseguia declarar. Se fizermos uma lista disso, seria assim:

- A inutilidade de seu orgulho étnico como filhos de Abraão.
- O vazio da religião meramente formal. O batismo precisa ser acompanhado por uma mudança no coração e no comportamento.
- A ganância não beneficia ninguém a longo prazo, seja o povo, os cobradores de impostos ou os soldados.
- O uso de poder ou privilégio para satisfação pessoal era doentia, como Herodes demonstrou.
- As pessoas precisam de uma mudança interior genuína e duradoura.
- A condenação é inevitável, se não houver um abandono do pecado.

Tendo o povo nomeado suas esperanças e medos, e imaginado se haveria uma resposta, estava pronto para Jesus, que, então, veio colocar a graça de Deus em primeiro plano em lugar de seu julgamento.

Apêndice 1
O nascimento virginal

O material do livro está apoiado na crença de que Jesus nasceu propositalmente da virgem Maria pela direta intervenção do Espírito Santo, sem um pai humano. Uma vez que aqueles que o leem possivelmente encontrem pessoas que afirmam que isso é um mito, estou adicionando este apêndice para apresentar o fundamento no qual eu aceito o nascimento virginal como um fato da história. Para começar, vamos seguir o padrão e ver o que os Evangelhos dizem.

Um nascimento extraordinário para uma pessoa extraordinária

Os escritores dos Evangelhos estavam conscientes, desde o início, de que eles estavam descrevendo um acontecimento extraordinário. Mateus diz que o anjo falou com José em seus sonhos: – *José, filho de Davi, não tenha medo de receber Maria como esposa, porque o que nela foi gerado é do Espírito Santo* (Mt 1.20). Lucas diz que o anjo disse a Maria: – *O Espírito Santo virá sobre você, e o poder do Altíssimo a envolverá com a sua sombra; por isso, também o ente santo que há de nascer será chamado Filho de Deus* (Lc 1.35).

João conclui o que os outros descrevem quando ele chama Jesus de "Filho unigênito de Deus" (Jo 1.14,18; 3.16). É surpreendente, no entanto, quando críticos argumentam que isso não poderia ter acontecido porque não há paralelos, quando é exatamente isso que os escritores dizem acerca sobre isso.

Outros afirmam que isso deve ser um mito porque há paralelos em outras religiões. Contudo, quando olhamos para isso, vemos mais diferenças do que similaridades nos que são citados. Sobre Buda, por exemplo, foi dito que ele nasceu quando um elefante branco entrou no útero de sua mãe enquanto dormia e ela concebeu. Essa lenda budista surgiu centenas de anos depois da morte de Gautama Buda, não durante a vida de sua família. É obviamente lendário ou irreal, de uma maneira que os relatos do Evangelho não são. Tais mitos pagãos eram anátema para judeus, e a ideia de que o autêntico judeu, Mateus, pudesse ter imitado alguns mitos pagãos dessa maneira parece totalmente improvável.

Tão impossível quanto hoje

As pessoas envolvidas na Natividade pensaram que, humanamente falando, o nascimento sem um pai humano era impossível. Maria disse: – *Como será isto, se eu nunca tive relações com homem algum? [...] Porque para Deus não há nada impossível* (Lc 1.34,37). Maria e José tiveram tanta dificuldade em crer nessa possibilidade quanto nós temos hoje. Mesmo com a ciência em um nível muito menor do que temos alcançado atualmente, um nascimento de uma virgem sem a participação de um homem era tão impossível na época quanto é hoje. Isso não mudou com a grande sofisticação na Biologia.

Apêndice 1 — O nascimento virginal

Dois relatos separados

Em uma leitura mais aprofundada, os relatos de Mateus e Lucas são diferentes tanto na essência quanto no personagem. Mateus dá mais atenção ao lado de José da história. Lucas nos conta muito mais sobre Maria e seus parentes. No entanto, os dois relatos não são contraditórios. Se há dois relatos diferentes do nascimento virginal, os quais não se contradizem, o fato básico de que tal nascimento aconteceu se torna mais, não menos, provável.

As histórias do nascimento são uma parte do restante dos Evangelhos, com as quais eles começam. A credibilidade atribuída ao restante dos Evangelhos não pode ser negada nos capítulos iniciais, especialmente no caso de Lucas, que disse que pesquisou tudo cuidadosamente (Lc 1.1-4).

Acredita-se que os Evangelhos de Mateus e de Lucas tenham sido escritos no início da segunda metade do primeiro século. Isso significa que havia pessoas vivas que poderiam ter negado que essas histórias do nascimento fossem verdadeiras. Não houve negação confiável ou qualquer alternativa sugerida. Na verdade, houve uma sugestão de que Jesus fosse filho ilegítimo, como é sugerido pelos fariseus: – *Nós não somos filhos ilegítimos. Temos um pai, que é Deus* (Jo 8.41). Essa explicação, no entanto, foi vista desde o início como um provável insulto ao caráter de Maria, e mais uma corroboração do evento como contado pelo evangelista (Mt 1.19).

A ciência disso

Eu não sou um cientista, mas há duas citações que me ajudaram, e elas falam por si. O professor George Romanes era Professor Régio de Física em Oxford e considerado o maior discípulo de Charles Darwin. Em um livro publicado em 1904, *Thoughts on Religion* [Pensamentos sobre religião](pgs. 174-176) ele disse:

A doutrina da encarnação me parecia mais absurda nos meus dias de agnóstico. Mas agora, como um puro agnóstico (um sem preconceitos) eu não vejo dificuldade racional alguma. Em algum momento me pareceu que nenhuma proposta verbalmente compreensível como tal poderia ser mais violentamente absurda do que esta doutrina da encarnação. Agora eu vejo que esta questão é totalmente irracional, devido à cegueira da própria razão, promovida por hábitos de pensamentos científicos.

O que está por trás da relutância em acreditar em tal nascimento? Parece ser incompatível com o ordenado universo da ciência. Mas esse universo da ciência não é o universo real. É apenas uma abstração, uma parte cortada, um método feito para propósitos de trabalho. Nos meus setenta anos de vida, vi três desses modelos criados e abandonados... Você não pode apostar sua vida em duas instabilidades como uma ciência em mudança e uma mente em crescimento. Isso é construir sua casa na areia. O mundo real inclui Deus, relacionamentos belos e verdadeiros, bem como a existência. A ciência, em si, não pode julgar a verdade, pois não é sua competência.

Quando o nascimento virginal é negado por razões científicas, é a conduta mais não científica. É uma declaração de fé (ou melhor, de incredulidade) de que não há nada mais do que dados observados. Isso inclui a rejeição da criação especial.[8]

Quarenta anos mais tarde, C. S. Lewis diz em seu livro *Milagres*:

Você vai ouvir as pessoas dizerem: "Os primeiros cristãos acreditavam que Jesus era filho de uma virgem, mas nós sabemos que isso é cientificamente impossível". Tais pessoas pensam que a ideia de acreditar em milagres surgiu em um período em que a humanidade era tão ignorante sobre o curso da natureza que não compreendia um milagre como sendo contrário a ela. Um pensamento de momento mostra que isso não tem sentido: e a história do nascimento virginal é um exemplo particularmente impressionante.

Quando José descobriu que sua noiva teria um bebê, ele, naturalmente, decidiu repudiá-la. Por quê? Porque ele sabia, bem como qualquer um atualmente, que no curso normal da natureza, as mulheres não têm filhos a menos que tivessem estado com um homem. Sem dúvida, hoje sabemos algumas coisas sobre nascimento e procriação que José não sabia. Mas essas coisas não afetam o ponto central, de que o nascimento virginal é contrário ao curso da natureza. Obvia-

---

8   ROMANES, George. *Thoughts on Religion.* (Palala Press, 2016.)

mente, José sabia disso. Da mesma maneira que agora faz sentido dizer: "Isto é cientificamente impossível", ele teria dito o mesmo. Isso sempre foi, e sempre se soube que é, impossível, a menos que o processo normal da natureza, neste caso em particular, tivesse sido anulado e complementado por algo além da natureza.

Quando José, finalmente, aceitou que a gravidez de sua noiva não se devia à falta de castidade, mas a um milagre, ele aceitou o milagre como algo contrário à conhecida ordem natural. [...] Quando algo professa desde o princípio ser uma invasão única da natureza por algo externo, o conhecimento crescente da natureza não pode torná-la mais ou menos digna de confiança do que era no início. [...] Os fundamentos para crer ou não são os mesmos hoje como eram dois mil ou dez mil anos atrás. Se faltou fé a José para crer em Deus ou humildade para perceber a santidade de sua esposa, ele poderia não ter acreditado na origem do milagre do Filho de Maria tão facilmente quanto qualquer homem moderno; e qualquer homem moderno pode aceitar o milagre tão facilmente quanto José o aceitou...[9]

Faz sentido

Dado que a recuperação da humanidade pecaminosa e caída era o projeto, a maneira que ocorreu o nascimento de Jesus se encaixa em quase todos os sentidos.

Encaixa-se filosófica e doutrinariamente. A pessoa necessária para essa tarefa tinha que ser divina e sem pecado. Um Deus que não pode intervir, não pode salvar. O nascimento virginal nos mostra que o Filho de Deus entrou na história. Karl Barth destaca que Cristo, pelo seu nascimento virginal, evita nossa herança de pecado, mas pelo mesmo nascimento virginal, assume nossa natureza de criaturas. Ele não é simplesmente homem; não é simplesmente Deus. Ele é o verdadeiro Deus-homem, que é tudo o que Deus é e, ao mesmo tempo, é tudo o que o homem é, separado do pecado, não nascido de sangue, nem da vontade da carne, nem da vontade do homem, mas da vontade de Deus.

Encaixa-se eticamente. O consentimento de Maria foi solicitado para que

---

LEWIS, C. S. *Milagres*. (São Paulo: Vida, 2006.)

assumisse esse papel. Envolveu sua crença e cooperação. Foi um ato voluntário de sua parte. Faz sentido que o Espírito que soprou no homem para torná-lo uma alma viva, à imagem de Deus, tenha envolvido uma humilde virgem e criado nela um segundo Adão para salvar o primeiro. Ele também poderia, pela excelência de sua pessoa e pelo seu trabalho por nós, ser capaz de dar um novo nascimento para nos transformar em sua imagem, como era a intenção original.

Encaixa-se pessoalmente. Isso abre a possibilidade de que possamos ter um novo nascimento. Por um ato de Deus, por meio do Espírito Santo, podemos fazer parte da natureza divina, não por sangue, nem pela vontade da carne, nem pela vontade do homem, mas pela vontade de Deus. Sim, se encaixa! O assunto não é apenas de interesse acadêmico. É parte dessa obra total de Deus em Cristo, que nos abre um caminho pelo qual nós, pelo mesmo Espírito por quem ele foi concebido, podemos plantar dentro de nós sua própria natureza que pode, por sua graça, tornar-se completa semelhança com ele.

Apêndice 2

Pregação sobre personagens bíblicos

1. Os objetivos de pregar sobre personagens bíblicos.

a) **A curto prazo:**
   i. Prender a atenção da congregação.
   ii. Passar a verdade sobre o Evangelho.
   iii. Contar as histórias na língua deles (conversa de família/psicologia popular)
   iv. Estimular as conversas depois do culto.

b) **A longo prazo:**
   i. Aumentar o conhecimento das pessoas sobre as histórias bíblicas (instrução bíblica), como pintar seguindo números.
   ii. Ajudar as pessoas com os problemas cotidianos, os relacionamentos, a conduta; e um meio de falar sobre essas coisas uns com os outros.

2. **Dicas de como fazê-lo do zero:**
    i. Faça seu próprio estudo básico sobre o texto. Sempre existe muito mais do que nós percebemos, então isso significa repassar tudo, detalhe a detalhe, para conseguir levantar todos os elementos da história. Uma maneira de fazer isso é reescrever a passagem, separando uma nova linha para cada frase ou pensamento. Preste atenção aos relacionamentos que a pessoa tinha com sua família, seus pais, irmãos, irmãs, filhos e outras pessoas na história. Anote as respostas às perguntas: Onde? A que distância? Quando? Por quanto tempo? Quem? O que de fato aconteceu, e em que ordem?
    ii. Verifique todas as outras referências à pessoa em uma concordância bíblica, e veja o que essa busca gera como fundo para a história, ou como informações adicionais.
    iii. Procure detalhes em um dicionário bíblico.
    iv. Consulte comentários, procurando o que eles podem dizer sobre a pessoa, não tanto sobre o texto.

3. **Use a sua imaginação!** Tente experimentar e contar a história do ponto de vista dos personagens principais da história.

4. **Transforme em episódios** ou capítulos que sejam fáceis de serem seguidos e que conduzam a um ou dois pontos principais.

5. **Pense em ilustrações** da sua própria experiência ou de biografias, livros, revistas ou jornais que você tenha lido.

6. **Trace um roteiro detalhado** ou escreva tudo, mas...

7. **Conte como uma história.**

Apêndice 2 — Pregação sobre personagens bíblicos

8. **Uma dica sobre como usar um personagem deste livro.** Você precisa contextualizar o que está no capítulo ao lugar, à época, às pessoas e à ocasião em que você pregará. Isso geralmente significa:

   i. Retrabalhar como você abre e fecha a pregação para se encaixar à ocasião e ao público.

   ii. Omitir trechos que não se apliquem ao seu público, ou que seriam estranhos para ele.

   iii. Substituir ou acrescentar novas ilustrações que falem ao seu público.

Tom Houston
Maio de 2001

PERSONAGENS
ao redor da
CRUZ

Tom Houston

Tom Houston resgata a participação de cada um dos personagens envolvidos na morte de Jesus na cruz: a multidão, Judas, os sacerdotes, Pilatos, os ladrões, Maria, os discípulos e muitos mais.

O autor fornece insights do contexto histórico e nos encoraja a imaginar o impacto que o encontro com Jesus teria produzido nas vidas daqueles personagens.

Isso nos permite refletir, ainda hoje.

De que maneira a Cruz de Cristo ainda nos impacta?

"Com uma exposição precisa, ilustrações vívidas e aplicações contemporâneas, Tom Houston consegue se concentrar na Cruz de Cristo como o evento mais decisivo da história com o poder de transformar a vida humana hoje."

David Coffey
Secretário geral da União Batista do Reino Unido

Sobre o livro:

Formato: 16 x 23 cm
Tipo e tamanho: Cambria 11/16
Papel: Capa - Cartão 250 g/m^2
Miolo - Polen Bold 70 g/m^2
Impressão e acabamento: Imprensa da Fé